우 표,
역사를
부치다

나이토 요스케 지음
안은미 옮김

들어가는 글 **우표, 역사의 그림책 혹은 국가 미디어** *8*

Ⅰ 냉전과 열전 사이, 독립국가를 향한 투쟁

1장 한반도와 두 개의 국가 _ 북한 17

북한과 미국의 악연 *18*
또 하나의 총독부, 미군정 *21*
분단 정치가, 이승만 *28*
한복 입은 대통령 *33*
정통성을 둘러싼 남북의 대립 *37*
남과 북, 혼란 속에 임박한 전쟁 *41*
우표, 남침을 기록하다 *45*
중국군의 참전과 핵무기 사용의 위기 *52*
확전과 휴전 사이, 요동치는 아시아 *58*
미제 반대 투쟁, 그리고 휴전 *63*
'위대한 수령'의 시대 *69*

2장 베트남전쟁, 미국전쟁 혹은 10,000일의 투쟁 _ 베트남 75

전쟁을 부르는 서로 다른 말들 *76*
냉전의 제1전선, 베트남 *81*
남베트남이여, 스스로 해방하라 *85*
조국을 위해 희생하는 일은 모든 국민의 의무다 *91*
통킹만 자작극과 미국전쟁 *100*
테트 공세와 러셀법정, 전쟁에 대해 묻는다 *108*
미군기 '4,181' 격추 vs 다음 세대를 위해서 *117*

3장 동과 서, 어느 쪽도 아닌 독립국가 _ 이란 123

90%의 이익, 석유 메이저 회사의 횡포 124

친미 정권과 백색혁명, 이슬람에 대한 공격 129

국왕의 얼굴을 지우다 133

이란·이라크전쟁, 예루살렘을 해방하자 139

원자폭탄보다 힘이 센 '외교' 144

물음표가 달린 안보리 결의 598호 148

4장 봉쇄를 뚫고 혁명을 수출하다 _ 쿠바 155

미국의 앞마당, 라틴아메리카 156

거짓말로 점철된 전쟁 캠페인, 메인호를 잊지 말자! 158

청년 카스트로의 혁명 164

우리도 미국을 꾹 참고 있다! 169

쿠바에서 손을 떼라 177

중소 대립과 반미의 분열 183

II 파란만장, 반미의 세계사

5장 반미라는 시대정신의 기원 _ 소련 193

   소련, 처음부터 반미는 아니었다 194
   자본주의 비판: 악마에 영혼을 판 포드 202
   소련의 위선, 파시즘의 학살을 방관하는 반파시즘 207
   철의 장막, 냉전의 시작 215

6장 미국은 어떻게 제국주의 국가가 되었을까? _ 필리핀 223

   스탬프에 남은 혁명의 추억 224
   필리핀 접수를 위한 미국의 꼼수 228
   6월 12일, 반스페인과 반미의 역사의식 235

7장 동맹과 적대, 다시 동맹으로, 애증의 미일사 _ 일본 241

흑선과 백선 242

만주를 삼키고 중국 대륙을 노리다 246

니가타산을 오르다, 태평양전쟁의 발발 252

일본의 '해방자' 코스프레 259

'푸른 눈의 쇼군'을 모신 일본 263

찻잔 속의 태풍, 일본을 뒤흔든 안보투쟁 267

8장 세계 제국 미국의 아랍 희롱기 _ 이라크 275

영국, 문제의 씨앗을 심다 276

링키지: 이라크의 철수, 이스라엘의 철수 280

미국의 범죄: 경제봉쇄와 민간인 공격 287

아프가니스탄 귀환병과 성지 점령군 미군 295

한 번 사용하면 영원히 지속되는 살인무기 301

후세인의 최후, 반미의 최후 307

참고문헌 314

우표,
역사의 그림책 혹은
국가 미디어

1.

한때 '빅맥 지수'라는 말이 미디어에서 화제가 된 적이 있다. '빅맥 지수'란 세계 120개국 이상에서 판매되는 맥도널드 햄버거 '빅맥'의 가격을 기준으로 각국의 물가 수준과 통화가치를 평가하는 지수다. 이른바 '국제화'에 맞추어 미국풍의 문화나 생활습관, 시스템 등이 전 세계에 침투하며 생겨난 비교 방식이다.

맥도널드가 세계를 석권하는 동안 크고 작은 다양한 반발이 각지에서 일어났다. 전통적인 식생활 문화의 중요성을 강조하는 '슬로우 푸드 운동'이 그중 대표적이다. 1986년 이탈리아 로마에 맥도널드 1호점이 생기자 이에 강한 위기감을 느낀 사람들이 패스트푸드 반대 운동을 벌이면서 시작됐다. '안티 맥도널드 운동'으로도 불리는데, 일종의 식생활 문화 침략에 대한 저항운동인 셈이다.

그런데 맥도널드로 대표되는 미국의 물질문화를 받아들이고는 있지만, 미국에 대해 친화적인 태도를 보이지 않는 국가나 지역도 꽤 있다. 예를 들어 이집트의 카이로에는 맥도널드 매장이 10곳 이상, KFC 매장이 20곳 이상 자리 잡고 있다. 가게 안에는 리바이스 청바지에 캘빈클라인 셔츠를 입고 컨버스 운동화를 신은 젊은이들이 콜라를 들고 햄버거를 먹는다. 그러나 그들에게 "미국에 대해 어떻게 생각하는가?"라고 묻는다면 대부분 "이스라엘의 보호자……"라는 식으로 비난하고 나설 것이 틀림없다.

20세기의 100년 동안 미국은 정치·경제·문화의 모든 영역에서 세계적인 영향력을 확장해왔다. 그러나 그에 대한 반발로 세계 각지에서 다양한 저항에 계속 부딪혀온 것도 사실이다. 때로는 항의나 시위 정도의 반발이 아니라 직접적인 군사 충돌까지 있었다. 때문에 '미국의 세기'로 불리는 20세기는 한편으로 '반미의 세기'이기도 하다.

2.

이 책에서는 미국과 격렬한 관계를 맺어온 국가나 지역을 중심으로 미국이 세계의 제왕이 되어가는 과정과 그에 반발하는 움직임들이 어떻게 표현되었는지를 되돌아본다. 그것도 한국 독자에게는 낯선 '우편학'이라는 방법을 이용해서 말이다. '우편학'은 우표 수집 및 연구우취: philately라는 개념을 필자가 나름 번역해 정립한 단어다. 보충하자면 '화폐학'을 응용해 만들어낸 학문이랄까. 화폐학이 화폐의 가치나 재질, 모양 등을 통해 그 시대와 사회상을 분석하는 것처럼, 우편학은 편지나 엽서에 붙은 우표와 찍힌 소인 등을 분석해 우표가 만들어지고 통용된 시대와 사회의 모습을 밝혀낸다.

사실 'philately'는 일본어나 한국어에서는 '우취'라고 번역되어 우표 수집을 취미의 관점에서 다룰 뿐이다. 그러나 원래 우표를 비롯한 우편제도, 우편요금, 소인, 배송경로의 연구 및 그 성과를 발표하는 전시나 출판에 이르기까지 우표나 우편물에 관한 수집이나 연구 등의 행위를 종합적으로 의미하는 말이다. 미술사나 미술 연구에서 '미술품을 애호한다'는 하나의 관점 아래 수집가, 비평가, 연구가, 화상, 전시 기획자 등의 행위를 세분화하지 않고 포괄하는 점을 떠올린다면 이해하기 쉬울지도 모른다.

그렇다고 이른바 취미로서의 우표 수집이 나쁘거나 뒤떨어진다고 말하는 것은 아니다. 다만 수집한 우표나 우편물을 분석하고 연구한 결과를 역사나 정치 연구의 영역에 응용하려는 학문적 작업을 흔히 말하는 취미로서의 '우취'와 구분 짓고 싶을 뿐이다. 그래서 굳이 필자는 '우취' 대신 '우편학'이란 말을 정립해 사용하고 있다.

3.
최근 선진국에서 우편을 민영화하는 경향이 있으나단, 우편 사업의 주체가 완전하게 국가의 통제를 벗어나 순전히 민간기업으로 넘어간 사례는 적다, 근대 이후 국민국가에서 우편 관련 업무는 기본적으로 정부 당국이 담당해왔다. 우표는 우편요금의 선납을 나타내는 증표로써 원칙적으로 국가의 이름으로 발행됐으며, 그런 만큼 거기에는 국가의 정치적 견해나 정책, 이데올로기 등이 자연스레 담겨 있게 마련이다. 실제로 많은 국가가 전시에 국민의 전의를 높이는 방안으로 우표나 엽서를 발행하거나, 올림픽이나 월드컵 등 국가 행사 시 기념우표를 발행해 선전한다. 역사상 주요 사건이나 인물이 우표에 다루어질 때도 해당 국가의 역사관이 그대로 투영된다. 동일하게 한국전쟁을 소재로 한 우표라도 한국과 북한이 발행한 우표는 테마와 디자인, 내용에 이르기까지 전혀 다를 것이다. 다시 말해, 우리는 우표를 통해 정치·경제나 생활상 등 그 나라의 문화 전반을 살펴볼 수 있다.

무엇보다 어느 지역에서 우표를 발행하거나 우편 서비스를 제공한다는 것은, 그 지역이 우표 발행국의 정치적 또는 경제적 영향 아래 있다는 증거다. 전쟁이나 혁명 등의 혼란기에 그 지역의 실제 지배자가 된 세력이 우표를 발행하거나, 그게 불가능하면 소인스탬프이라도 새로 만들어 우편물에 찍게 하는 것은 그 때문이다. 《마태오의 복음서》에서 예수 그리스도는 "카이사르의 것은 카이사르에게 돌리고 하느님의 것은 하느님께 돌려라"고 말했다. 이 말에 기초해 화폐학의 세계에서는 고대 화폐가 출토된 지역으로부터 그 화폐를 발행한 국가의 세력범위를 추정한다. 우편학 또한 우표에 찍힌 소인의 지명으로부터 발행국의 실제 세력범위를 추정할 수 있다. 게다가 화폐는 아무리 광범위하게 유통되었다고 해도 누가 언제 사용했는지 알 수 없는 반면, 우표는 사용될 때 소인이 찍히기 때문에 구체적으로 언제 누구에게서 누구에게로, 어느 지역에서 어느 지역으로 교류가 이루어졌는지를 추정하는 게 가능하다. 우편물이 이동한 경로나 소요 날짜, 검열 여부 등으로도 관련 지역에 관해 더 많은 정보를 얻을 수 있다.

또한 국제우편에서 우표의 유효성은 상대국의 정통성을 승인하는 것이나 다름없다. 비합법적 정부의 우표가 붙은 우편물은 수취가 거절되거나 요금 미납으로 취급받기 때문이다. 우표는 우편물에 붙은 채 세계 각지로 이동하며 많은 사람의 눈에 닿는다는 점에서, 그 자체로 국가의 정통성을 과시하는 하나의 미디어로 기능한다.

그 외에도 우표의 인쇄 품질은 발행국의 기술·경제 수준을 나타내는 지표이며, 우편요금의 추이는 물가 변화와 밀접하게 연관된다. 발행국이 원하든 원하지 않든 우표는 당시 경제 상황이나 기술 수준에 대한 정보를 타인에게 전하고 있다. 이때도 우표는 미디어의 역할을 충분히 수행하는 셈이다.

4.

이처럼 우표를 비롯한 우편 사료는 시각적 요소와 함께 다양하고 구체적인 정보를 우리에게 제공해준다. 다행스럽게도 우표를 이용한 우편제도는 19세기 중반 이후 전 세계 거의 모든 지역에서 시행되고 있기 때문에, 횡단적 연구를 통해 각국의 국력이나 정세 등을 비교해서 이해할 수 있다.

필자는 우표나 우편물이 역사학·사회학·정치학·국제관계론·경제학·미디어 연구 등 모든 분야에서 활용할 수 있는 자료라고 확신한다. 복합적이고 다면적인 미디어로서의 '우편', 즉 '우편 미디어'를 활용해 국가나 사회, 시대나 지역의 본모습을 재구성하는 것이야말로 우편학의 기본구상이다.

우편학의 대상은 우표나 우편물이 존재하는 한, 이론상으론 어떤 시대나 지역이라도 상관없다. 그러나 평화롭고 안정된 국가보다는 정치나 사회적으로 격렬한 변화나 분쟁이 있었던또는 일어나기 쉬운 국가가 더 흥미롭고 확실한 결과를 얻을 수 있다. 왜냐하면 정치나 사회적으로 불안정한 국가나 지역일수록 당시 변화와 분쟁의 흔적이 우표에 선명하게 남기 때문이다. 또한 정보가 잘 유통되는 국가보다는 북한과 같이 정보가 통제된 국가의 현황을 추적하는 데 더욱 효과적인 방법일 수 있다.

그런 의미에서 이 책에서 소개하는 국가나 지역은 확실히 우편학의 대상으로 삼기에 완벽한 소재임이 틀림없다. 한반도를 비롯해 일본, 필리핀, 소련, 쿠바, 베트남, 이라크, 이란 등 모든 국가가 자의든 타의든 전쟁이나 혁명을 겪었으며, 그 결과 일정 기간 혼돈의 시기를 보냈다.

우리는 좋든 싫든 기본적으로 미국을 중심으로 세계의 정보를 얻고 있다. 그래서 미국의 '대의'를 보고 듣는 기회보다 '반미 국가또는 반서구 국가'의 주의주장을 정보로서 받아들이는 기회가 드물다. 그러므로 우리 일상생활과 친밀한 우표나 우편물을 통해 그들의 역사와 그들이 옆에서 본 미국 제국주의의 역사를 구체적인 이미지의 감촉으로 표현할 수 있다면 독자의 시야를 풍부하게 넓히는 데 유용한 결과를 가져오리라 믿는다.

동시에 우편학자인 필자로서도 놀랄 만한 새로운 사실의 발견이나 역사적 해석이라는 독창성은 차치하고, '우표'라는 필터를 통해 기존과 다른 시점에서 역사의 그림책을 한국 독자에게 보여줄 수 있다는 사실만으로도 기쁘기 그지없다.

2012년 6월
나이토 요스케

I

냉전과 열전 사이,

독립국가를 향한 투쟁

1. 한반도와 두 개의 국가 _ **북한**

2. 베트남전쟁, 미국전쟁 혹은 10,000일의 투쟁 _ **베트남**

3. 동과 서, 어느 쪽도 아닌 독립국가 _ **이란**

4. 봉쇄를 뚫고 혁명을 수출하다 _ **쿠바**

1

한반도와
두 개의 국가

북한

★ 북한과 미국의 악연

2002년 1월, 연두교서에서 미국의 조지 W. 부시 대통령은 이라크, 이란과 함께 북한을 '악의 축' 중 하나로 지목하며 강경 대응 방침을 밝힌다. '대량파괴무기 개발 및 테러 지원국가'를 지칭하는 '악의 축'은 기존의 '불량국가'에 비해 한 단계 더 강도가 세진 말이다. 조선민주주의인민공화국, 즉 북한은 동서 냉전시대에 소련의 지원 아래 태어난 국가로, 탄생 때부터 미국의 이익에 반하는 국가였다.

그러나 이것은 어디까지나 미국의 입장일 뿐이다. 북한의 시각에서 보면 미국이야말로 1945년 해방 후부터 줄곧 한반도의 통일을 방해하며 '공화국 남반부', 즉 남한을 지배하는 제국주의 국

그림 1   그림 2

가였다. 따라서 미국이 남한을 지지하며 체제 유지에 관여하는
이상 북한으로서는 미국에 맞서 투쟁해야 한다는 논리가 자연스
럽다. 역대 북한 정권은 자신들을 '한반도를 식민지로 예속하려는
미국 제국주의자들의 야욕'에 맞서 싸우며 한반도 영토와 인민의
이익을 방어하는 강력한 민주기지로 여겼다.

　　그림 1은 1972년 북한에서 발행한 우표로 이러한 '남조선 혁
명노선'이 잘 반영되어 있다. 아래에 '조국의 자주적 평화통일'이
라는 슬로건과 이를 방해하는 미국과 박정희 괴뢰정권을 희화화
한 모습이 보인다. 위에는 '미제와 그의 주구 괴뢰도당을 타도하
고 조국을 통일하자!'라는 구호와 함께 혁명전사의 모습이 담겨
있다. 그림 2는 1975년 발행된 우표로 한 장의 우표 안에 빼곡하
게 정치적 구호들을 적었다. 북한에서 '조국해방전쟁'의 개시일인

6월 25일부터 휴전협정 조인일인 7월 27일까지는 '반미공동투쟁월간'으로, 그림 2는 이 '투쟁월간' 기념우표다. '조선은 하나이다'의 구호가 가장 크고 그 아래 '그 어느 놈도 우리 조국을 분열시킬 수 없다'고 적혀 있다. '영구 분할'과 '닉슨주의 시험장'이 적힌 팻말을 든 미군 병사를 향해 북한 인민이 "양키, 이놈!"하고 호통치는 모습이 이채롭다.

북한이 미국을 본격적으로 자신들의 적으로 간주한 시기는 한국전쟁에 미국이 개입한 이후부터다. 미국이 개입한 2차 베트남전쟁 전의 북베트남이 그랬던 것처럼, 한국전쟁 발발 전만 해도 북한은 미국과 전쟁을 치를 의사도, 계획도 없었다. 단지 남한의 이승만 정권을 타도하고 한반도 무력통일을 달성하겠다는 목표뿐이었다.

사실 북한은 치밀하게 무력남침을 계획하면서도 미국의 군사 개입은 없으리라 전망했다. 1949년 말부터 미군이 남한에서 철수하고 있던 데다가, 1950년 초에 미국의 국무장관 딘 애치슨이 이른바 '애치슨 라인'을 선언하며 남한을 적극적 방어선에서 제외했기 때문이다. "소련과 중국의 영토적 야심을 저지하기 위해 타이완, 한국, 인도차이나 반도와 인도네시아 등은 제외한 채, 미국의 극동방위선을 알류산 열도-일본-오키나와-필리핀을 연결하는 선으로 정한다." 실제로 미국은 중국 내전 당시에도 국민당을 지원하기는 했지만 직접적인 군사 개입은 하지 않았다.

때문에 한국전쟁을 감행하는 시점에서 김일성의 시야에 미국은 들어 있지 않았다. 그가 전쟁 발발 직후 발표한 〈전체 조선인 민에게〉라는 담화문을 보면 "평화적 방법으로 조국을 통일하기 위해 노력을 다하고 있음에도, 리승만 매국역도가 동족상쟁의 내란을 도발했다"며 이승만 정부를 강력하게 비난하고 있을 뿐이다. 이때만 해도 북한이 미국 제국주의를 비난할 때 쓰는 '미국놈'이니 '미제'니 '양키'니 하는 말은 어디에도 등장하지 않는다.

당시 '미국'을 적국으로 간주하거나 최소한 미국을 의식하는 시선이 북한 사회에 거의 없던 것에 비해, 미국의 직접적인 지배를 받던 남한에는 오히려 좋아하든 싫어하든 미국의 존재감이 컸다. 특히 해방 직후 미군정과 이어 등장한 친미 이승만 정권의 실정에 국민의 불만이 높아지면서 '반미' 감정이 점점 커지고 있었다는 점에 주목할 필요가 있다. 냉전 시대, 국제전쟁의 본보기인 '한국전쟁'은 이렇게 미국과의 관계를 한 축에 두고 시작되었다.

★ 또 하나의 총독부, 미군정

그림 3의 편지봉투는 태평양전쟁이 한창이던 1942년에 미국에서 당시 일본의 식민지였던 조선의 함흥으로 보낸 것으로, '적국 점령지역'이라는 이유로 반송된 우편물이다. 받는 사람의 주소 중 국가 이름은 'KOREA'로 적혀 있다. 보낸 사람이 독립된 지역으로 'KOREA'를 인식하고 있는 것이다.

그림 3

　전쟁 이후의 한반도 문제에 대한 기본방침은 1943년 11월, 미국의 프랭클린 루스벨트 대통령, 영국의 윈스턴 처칠 수상, 중국의 장제스 총통 등 연합국 수뇌가 이집트의 수도 카이로에 모인 자리에서 결정됐다. 이 회담의 결과가 이른바 '카이로선언'인데 여기서 한반도 관련 내용은 다음과 같다. "현재 조선인이 노예 상태에 있음에 유의하여 정당한 순서를 거쳐 조선을 자유 독립국가로 할 것을 결의한다." 이 회담 결과는 이후 소련의 승인을 거쳐 조선 독립이 연합국의 전후 목표 중 하나임을 분명히 했다.

　1944년 미국은 독일, 이탈리아, 일본 등 추축국의 식민지이거나 점령지인 나라들을 대상으로 '추축국에 짓밟힌 나라들'이라는 제목의 우표 시리즈를 발행했다. 그림 4는 그 시리즈에 포함된 한국 관련 우표다. 부당하게 침략당한 국가의 하나로 한국을 분명히 명시한 것이다. 우표에는 지금의 태극기와는 조금 다른, 당시

그림 4

사용되던 태극기가 그려져 있다.

　미국은 태평양전쟁의 말기까지 전쟁이 언제, 어떻게 끝날지 정확한 판단을 내리지 못한 상태였다. 오키나와의 지상전투에서 일본의 거센 저항에 맞닥뜨린 미국은 일본 본토에서의 전투가 쉽지 않으리라 판단하고, 최종적으로 일본의 항복이 1946년 이후가 될 거라고 예상했다. 히로시마와 나가사키에 원자폭탄^{이하 원폭}이 투하된 1945년 8월 무렵, 미국은 카이로선언에 명시된 '정당한 순서'에 대한 어떠한 구체적인 계획도 없이 일본의 항복을 맞이했다. 당시 미국은 일본이 본토에서 결사적으로 항전할 것으로 예상하고 규슈상륙작전 준비에 한창이었다.

　8월의 정세에서 좀더 앞서 나간 것은 소련이었다. 소련은 8월 8일에 만주의 관동군에게 선전포고를 한 후, 곧바로 8월 13일에 한반도의 북부인 함경북도 청진항과 나진항을 차례차례 점령했

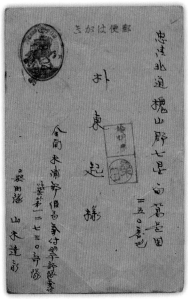
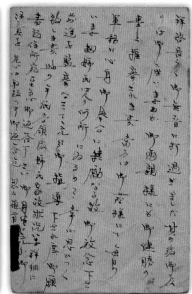

그림 5

다. 때문에 미국이 한반도에 상륙하기 한발 앞서 소련이 한반도 전체를 점령할 가능성이 컸다. 다급해진 미국은 소련에 자신들이 일본 영토를 모두 점령하는 대신, 북위 38선을 기준으로 한반도의 북쪽과 남쪽을 양국이 분할 점령할 것을 제안했다. 이에 소련은 쿠릴 열도를 자신들이 점령한다는 조건으로 미국의 제안을 받아들인다.

한편 많은 한국인에게 해방은 갑작스레 닥친 일이었다. 그림 5는 종전 당일인 8월 15일, 전남 목포에서 충북 괴산으로 보낸 엽서다. 뒷면 내용 중 "매일 온몸을 바쳐 부지런히 군생활에 힘쓴다"는 구절이 적힌 것으로 보아, 엽서를 보낸 사람은 지금 진행되는 전쟁이 앞으로도 계속될 것이라 여겼음을 알 수 있다. 사정이 그랬던 만큼 일본의 급작스런 항복은 한반도에 흥분과 당혹 그리고 혼란을 동시에 가져왔다.

혼란스런 상황이긴 했지만 한편에서는 주체적으로 독립국가 건설을 준비해나갔다. 해방 당일인 8월 15일, 서울에서 여운형과 안재홍 등을 중심으로 조선건국준비위원회가 결성되었다. 조선건국준비위원회는 과도기의 국내 치안과 질서를 유지하며 일본 행정조직을 밀어내는 한편 정치범 해방 등을 실행했다. 또한 9월 6일 서울에서 전국인민대표자회의를 소집하고 조선인민공화국 임시조직법안을 통과시킨 후 '조선인민공화국' 수립을 발표했다.

그러나 이때의 조선인민공화국은 급조된 탓에 한계가 많았다. 이승만 주석을 비롯해 주요 각료들로 지명된 각 당파의 정치 지도자들 대부분이 여전히 한반도 밖에 머무르는 등 구체적인 실체가 없었던 것이다.

아베 노부유키 총독이 이끌던 조선총독부는 한반도의 이러한 움직임을 '민족 독립'을 명분으로 내건 공산주의자의 선동에 따른 치안 교란이자, 한반도 거주 일본인의 생명을 위협하는 것으로 인식했다. 그리고 그 생각을 한반도에 막 도착한 미군 제24사단의 존 하지 중장에게 전달했다. 미국은 한반도에 첫발을 내딛기 전까지 구체적인 점령정책은커녕 한반도에 대한 별다른 이해도 없던 상태였다. 제24사단이 남한에 진주해 군정을 담당하게 된 것도 그들이 한반도에서 가장 가까운 일본 오키나와에 주둔하고 있다는 이유에서였다.

9월 8일, 인천에 상륙한 하지 중장은 조선총독부 및 38선 이남의 일본군의 항복을 받아냈다. 그는 행정의 원활함과 치안 유지를 위해 조선총독부 등 일제의 식민 지배구조를 활용할 수밖에 없다고 판단해, 아베 총독을 비롯해 기존 조선총독부 관리를 당분간 유임하기로 결정한다. 또한 치안을 어지럽히는 모든 사람을 엄벌로 대처한다는 포고를 발표하여 '민주주의'나 '자주독립'보다 '법과 질서'를 우선시하는 점령정책의 기본방침을 분명히 했다.

그림 6

그러나 미군정이 발표한 포고령과 조선총독부 유지 결정은 해방 이후 독립정부를 향해 움직이던 남한 주민의 열망에 반하는 일이었다. 이에 대한 항의 시위가 잇따르자 결국 9월 12일, 계획을 변경해 아베 총독과 모든 일본인 관리를 해임했다. 이어 아치볼드 아놀드 소장을 군정장관으로 하는 군정청을 설치하지만, 미군에 대한 한국인들의 신뢰는 이미

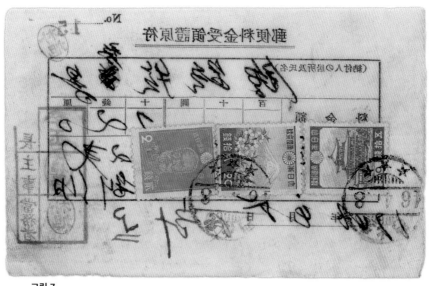

그림 7

크게 떨어져 있었다.

그림 6은 1946년 3월에 경남 통영의 조선식산은행 통영지점에서 서울의 조선저축은행으로 보낸 우편물의 편지봉투로, 여전히 일본 식민지시대의 우표가 붙어 있다. 우체국 소인 및 날짜는 '쇼와昭和○○년' 식의 일본식 연호에서 서양력 기준으로 바뀌었지만, 정작 우표나 '경성부'라는 지명 등은 식민지 당시의 것을 사용했다. 그림 7은 같은 해 4월, 서울 광화문우체국에서 취급한 우편요금의 수령증이다. 2전짜리 엽서를 36통 보낸 요금으로 72전을 징수했다는 내용이 적혀 있고, 그 금액만큼의 우표가 뒷면에 붙어 있다. 이때 수령증 용지 또한 식민지시대의 것이다.

★ 분단 정치가, 이승만

1945년 12월 27일, 미국과 영국, 소련 3국은 모스크바에 모여 제2차 세계대전의 전후 처리를 놓고 회담을 진행했다. 이 회의를 통해 이른바 '모스크바협정'이 발표되었다. 그중 한반도에 관한 부분은 아래와 같다.

① 조선의 독립국 재건을 전제로 조선민주주의 임시정부를 수립한다.
② 동 정부의 수립을 지원하고 필요한 구체적인 방안을 연구하기 위해 미군과 소련군이 미소공동위원회를 조직한다. 동 위원회는 각종 제안 작성에 최선을 다하고, 조선의 민주주의 정당과 단체 조직을 위해 협의한다. 또한 미국과 소련 양국의 최종 결정에 앞서 소련, 미국, 영국, 중국 4개국 정부의 의견을 구한다.
③ 최고 5년을 기한으로 4개국에 의한 신탁통치를 시행하되, 미소공동위원회는 조선민주주의 임시정부와 협의해 신탁통치에 관한 구체적인 방안을 작성한다.
④ 한반도를 분할 점령하는 미국과 소련은 2주 이내에 대표자 회의를 소집한다.

이 가운데 조선의 신탁통치를 정한 3항은 해방 이후 즉시 독

그림 8

립을 기대하고 있던 한국인들에게 큰 충격이었다. 협정 내용이 발
표된 12월 28일, 서울에서 신탁통치반대 국민총동원위원회가 결
성되는 등 미군 점령하의 남한에서 대규모 신탁통치반대운동이
일어났다. 그림 8은 당시 서울 덕수궁 내에 위치한 미소공동위원
회에 보낸 '신탁통치반대'를 호소하는 엽서이다. 뒷면에 "신탁통치
절대반대"와 "자주독립을 원합니다"라는 말이 자필로 적혀 있다.
엽서는 식민지시대 때 만든 것을 사용했지만, 주소와 소인에 한
글 지명 '서울'이 등장하고 있다.

　　반면 소련군 점령하에 있던 북한에서는 김일성이 신탁통치를
통해 한반도에 위성국을 세우려는 소련의 의도를 파악하고, 신탁

통치가 변형된 식민지배가 아니라 독립국가 건설을 위한 '후견 과정'이라며 지지하고 나섰다. 이에 남한의 좌익 세력 또한 처음의 반대에서 찬성으로 태도를 바꾸면서 남과 북, 좌와 우가 격렬하게 대립하기 시작했다. 신탁통치를 둘러싸고 각 세력의 대립이 계속되는 와중에 1946년 1월부터 여러 차례 미소공동위원회가 열렸지만 별다른 결실은 없었다.

1947년 3월, 미국의 트루먼 대통령은 의회에서 미국 외교정책에 관한 원칙으로 "공산주의 세력의 확대를 저지하기 위하여 자유와 독립 유지에 노력하겠다"는 요지의 '트루먼 독트린'을 발표한다. 이로써 암암리에 진행되고 있던 동서 냉전에 가속도가 붙었다. 한반도 역시 본격적으로 동서 냉전의 격전지가 되었다. 미군정은 좌익 세력이나 민족주의 계열의 정치가들을 압도하고 자신들의 이해를 대변해줄 친미 세력을 본격적으로 육성, 지원하기 시작했다. 그중 한 명이 바로 대한민국 초대 대통령으로 당선되는 이승만이다.

이승만은 일제 강점기에 주로 하와이와 미국을 중심으로 독립운동을 해왔으며, 중일전쟁 당시 미국의 중국 지원정책에도 관여했다. 또한 워싱턴 군비축소회의를 비롯해 미국 정부 및 국제연맹 등과의 외교교섭을 통해 한반도 독립을 호소했다. 자칭 '대한민국 임시정부의 대통령'으로 행세하며 일본 제국주의의 폐해를 선전하는 등 적극적인 로비를 펼쳐오던 이승만은 해방 후의 정세를 관망하다가 1945년 10월에 귀국했다.

이후 1946년 2월, 미군정청의 자문기관인 남조선대한국민대
표민주의원의 의장을 맡아 미소공동위원회와 관계를 맺지만, 오
랜 망명 탓에 국내에서의 정치적 기반이 약하다는 한계가 있었
다. 때문에 이승만은 자신의 정치권력을 확장하는 데 동서 냉전
이라는 시대 흐름을 최대한 활용했다. 밖으로는 철저한 반공주의
자로, 안으로는 미국이 가장 지지하는 정치가가 바로 자신이라는
인상을 심으려고 노력했던 것이다.

　　1946년 5월, 전북 정읍에서 열린 연설회에서 이승만은 "남한
에서만이라도 임시정부를 세우자"며 남한만의 단독정부 수립을
처음으로 주장했다. 같은 해 2월, 북한이 사실상의 단독정부인 북
한임시인민위원회를 수립했음에도, 당시 남한에서 '단독정부'는
누구도 입에 담지 않을 정도로 금기시하는 말이었다. 이승만은
12월에 미국으로 건너가 국방부를 향해 '서울의 미군정청은 용공'
이라며 비난하는 등 초강수를 뒀다. 그는 일관되게 빠른 시일 안
에 총선거를 실시해 남한만의 단독정부를 수립해야 한다고 호소
했다.

　　1947년 5월, 무기한 휴회 중이던 미소공동위원회가 재개되었
다. 그러나 미국과 소련 양국의 대립이 해소되기는커녕 서로 간의
불신만 커진 채로 결국 회담이 완전히 결렬되었다. 그러자 미국은
1947년 9월에 한반도 문제를 유엔 총회에 상정하고, 유엔조선임
시위원회를 설치하며 1948년 말까지 "유엔의 감시하에서 남한만
의 총선거를 실시한다"는 결의를 채택했다. 반면 이미 북한에서

그림 9

사회주의적 국가 모델을 이식하는 데 성공한 소련은 한반도에서
미국과 소련의 동시철수를 주장하며, 선거 감시를 위한 유엔조선
임시위원회의 38선 이북 지역 방문을 거절했다.

결국 1948년 2월, 유엔 총회 중간위원회는 '선거가 가능한 지
역', 즉 남한만의 단독선거를 결의한다. 이에 따라 1948년 5월 10
일, 미군정하의 남한 지역에서 제1회 총선거가 실시되며 남북 분
단은 초읽기에 들어갔다. 그림 9는 당시 발행된 총선거 기념우표
2종이 붙은 편지봉투로, 우표만이 아니라 총선거 기념 소인까지
찍혀 있다. 이를 통해 미군정과 이승만 등 단독선거 추진 세력이
얼마나 이 선거에 기대를 걸었는지 확인할 수 있다.

그림 10

★ 한복 입은 대통령

1948년 총선거에 중도파나 민족주의 계열의 정치가 중 일부는 남한만의 단독선거가 남북 분단을 고착시킨다는 이유로 출마하지 않았다. 그럼에도 유엔조선임시위원회는 선거가 성공했다고 발표했다. 같은 해 5월 31일, 국회가 개원되어 이승만이 의장으로 선출되었다. 이 국회는 정식으로 대한민국 수립을 선포하기에 앞서 헌법을 제정하는 게 목적이었기 때문에 제헌국회라고 불린다. 그림 10은 제헌국회의 개원을 기념하는 우표로 태극 마크 아래 현 서울시의회 건물인 당시 국회의사당 건물이 그려 있다. 하단에는 국회 개원일에 해당하는 '1948년 5월 31일' 날짜가 적혀 있다. 그러나 5월 31일에 국회가 개원했는지를 확인하고서 제작에 들어갔기 때문에 우표가 실제로 발행된 것은 7월 1일이었다.

이어 7월 1일, 제헌국회에서 정식으로 국호를 '대한민국'으로

그림 11

결정하고, 12일에 대통령제를 기반으로 하는 대한민국 헌법을 제
정해 17일에 공포했다. 헌법 공포 시에도 이를 기념하는 그림 11과
같은 기념우표 2종이 발행되었다. 국회 개원 기념우표 때와 마찬
가지로 우표상의 날짜는 7월 17일이지만 그보다 늦은 8월 1일에
발행되었다. 덧붙여 국회 개원 기념우표는 우표상의 일자가 서기
로 표기되었지만, 헌법 공포 기념우표는 단기로 기록되어 있다. 이
는 새로운 국가 수립을 앞두고 민족주의를 전면에 내세워 국민의
애국심을 고취하려는 의도가 엿보이는 대목이다.

　한편 제헌국회 총선에서 이승만 중심의 대한독립촉성국민회
는 55석으로 가장 많은 수의 의석을 확보하며 제1당이 되었지만,
전체 의석수인 198석의 1/4에 불과해 독자적으로 정권을 수립하
는 것이 불가능했다. 결국 29석으로 제2당이었던 한국민주당이하

그림 12

^{한민당}의 도움을 받은 끝에야 이승만은 염원하던 대통령 자리에 오를 수 있었다. 한민당은 해방 후 연달아 결성된 조선민족당, 한국국민당, 조선국민당, 대한민국 임시정부 환국환영준비위원회가 통합한 당으로, 지주와 자산가의 이익을 대변하는 정책을 표방했기 때문에 사실상 이승만과 이해관계가 일치했다.

1948년 7월 24일, 대한민국의 초대 대통령 취임에 맞춰 이승만 대통령의 초상을 그린 기념우표가 발행되었다. 바로 그림 12의 우표로, 여기서 인상적인 것은 이승만 대통령의 초상이 한복 차림이라는 점이다. 이승만은 해방 이전 미국을 중심으로 독립운동을 전개한 경력을 바탕으로 국제사회에서 지명도를 획득했으며, 국내에서는 미국이 지지하는 정치가라는 인상을 주며 세력을 확장해왔다. 서구 문명에 대한 친화력과 국제적 감각을 강조하려고 이승만은 그 이전까지 공식석상에 주로 양복을 입은 모습으로 나타나곤 했다. 그런데 어째서 대통령 취임 기념우표에서는 한복을 입은 것일까?

이는 자신의 권력이 미국의 지원을 통해 얻어졌다는 사실을 숨기려는 제스처로 짐작된다. 혹시라도 미국을 섬기는 '사대주의

그림 13

자'로 몰릴까 봐, 굳이 우표에 한복을 등장시켜 조선 이조 왕가의
후손이자 민족주의자로 자기 연출을 시도한 것이다. 우표상의 일
자를 단기로 표시한 것도 같은 맥락으로 풀이된다.

덧붙여 이 우표의 실제 발행일은 8월 5일이다. 이는 한민당의
도움으로 대통령이 된 것이 7월 20일, 그리고 취임일이 7월 24일
이었음을 감안하면 매우 빠른 속도로 작업이 진행되었다는 것을
알 수 있다. 국회 개원과 헌법 공포 기념우표의 경우 대략 15일에
서 30일 이상의 시간이 소요되었다. 기념일과 발행일의 시차가 비
슷한 헌법 공포 기념우표가 이미 예측된 일이었음에 비해 대통령
취임은 그렇지 않은 일이었다. 아마도 대통령으로 선출되기 이전
부터 우표 디자인 작업에 들어갔던 게 아닐까, 조심스레 추론해
본다. 만약 이 추론이 사실이라면 훗날 전개되는 이승만의 독재

가 이미 예견됐다고 얘기할 수 있다.

1948년 8월 15일, 광복 3주년을 맞아 대한민국 정부가 수립되고 다음 날인 8월 16일 0시를 기준으로 미군정이 완료되었다. 그림 13은 대한민국 단독정부 수립 기념우표 2종으로 각각 평화의 상징이라 불리던 비둘기와 나라꽃 무궁화를 그려 넣었다. 8월 15일, 일본 식민지시대의 조선총독부 건물을 계승한 정부청사에서 정부 수립 축하 기념식이 열렸다. 이 자리에서 이승만은 대한민국 정부 수립을 선언한 후 "아무리 강대한 국가라도 (……) 약한 이웃 나라의 영토를 점령하는 것은 용서할 수 없는 행위"라며 북한에 대한 소련의 위성국 건설을 강하게 비난했다. 남과 북에 각기 세워진 정권들은 상대방을 꼭두각시 정권으로 몰아붙이며 자신만이 한반도의 유일한 합법 정부라고 주장했고, 분단에 따른 긴장은 나날이 높아져 갔다.

★ 정통성을 둘러싼 남북의 대립

이승만과 한민당 등 친미 세력의 책임 못지않게 한반도 분단은 북한과 소련에도 그 책임이 있다. 제2차 세계대전 이후, 소련은 자본주의 진영의 공격을 막고자 주변 국가들을 위성국이나 우호국으로 만드는 전략을 세우고 있었다. 한반도에서도 그 전략에 따라 임시 경계선이었던 38선을 봉쇄하고, 북한에 위성국을 건설

하기 위한 계획을 차근차근 진행
했다. 소련에 의한 38선 봉쇄는
매우 엄격한 수준이었으며 사람
이나 물건뿐만 아니라 우편물에
까지 적용되었다.

그림 14는 종전 직전인 1945
년 8월 9일 일본 아이치현의 오
다카에서 평양으로 보낸 우편물
이다. 이 우편물은 38선 이북으
로 송달되지 못하고 "본 우편물
은 송달 불능이므로 반송합니
다"라는 문장의 소인이 찍힌 채
보낸 사람에게 반송되었다. 전쟁
중에도 우편물이 어느 정도 자
유롭게 오갔던 걸 감안할 때, 더
욱 엄격한 수준의 봉쇄가 이루어
졌음을 알 수 있다.

그림 14

미국과의 협상을 통해 남북
통일정부 수립이 불가능하다고 판단한 소련은 자신들의 점령지역
인 38선 이북에 '한반도 전체를 해방시킬 임무를 맡을 민주기지'
로서 단독정부 수립을 결정했다. 그에 따라 1946년 2월 8일 통일
정부 수립까지의 임시 중앙기구인 '북한임시인민위원회'를 구성했

그림 15

그림 16

다. 사실상의 북한 단독정부 수립이자 남북 분단 고착의 빌미를 제공하는 행위였다. 그리고 같은 해 3월, 북한임시인민위원회가 북한 최초의 우표를 발행했다. 그림 15의 우표에는 아무런 기념문구 없이 단지 '조선우표'라는 말만 인쇄되어 있다. 비슷한 시기 미군정이 통치하던 남한에서 여전히 일본 식민지시대의 우표가 사용된 것에 비하면 긍정적으로 볼 수 있는 일이다.

1947년 5월, 한반도를 둘러싼 미소공동위원회가 결렬되자 북한은 전년도에 있었던 이승만의 '정읍 연설' 등을 가리키며 미국의 점령통치가 분단을 획책하고 제국주의 식민지정책으로 이어지고 있다며 강하게 비난했다. 이어 8월에는 북한노동당 창당대회를 열고 북한만의 단독정부 수립과 남한의 민주화를 혁명 기본방침으로 결정했다. 먼저 북한만이라도 정치·경제·군사적으로 강화해 그 힘으로 북한이 주도하는 한반도 통일을 이룩하는 것이 목표인 '한반도 민주기지노선'을 공식적으로 확정한 것이다.

1948년, 남한 단독선거와 제헌국회를 통해 8월 15일 남한에 대한민국 정부가 수립되자 북한 역시 8월 25일 총선거를 실시하고, 9월 8일 조선민주주의인민공화국 수립을 선언했다. 다음 날인 9월 9일, 김일성이 수상에 오름과 동시에 남북 분단은 돌이킬 수 없는 사실이 되었다. 그림 16

그림 17

은 1948년 9월 9일의 조선민주주의인민공화국 수립을 기념하는 우표로, 9월 19일에 발행되었다. 지도의 한반도 남쪽이 대부분 북한 국기에 가려지고 별빛도 북한 지역만 비추는 디자인으로, 북한의 민주기지노선을 상징적으로 표현하고 있다.

1948년 5월 10일 남한 단독선거 이후 선거 감시를 했던 유엔임시조선위원회가 선거 성공을 선언하고, 6월 25일에 남한 국회를 정통 의회로 인정했다. 이어 1948년 12월 유엔 총회는 북쪽의 조선민주주의인민공화국이 아닌 남쪽의 대한민국을 한반도에서 정통성을 갖는 유일 정부로 인정했다. 그림 17은 1949년 2월 12일, 새로운 조선위원회의 서울 활동 시작을 기념하는 우표다. 남한 정부는 대한민국의 정통성을 인정해준 국제사회에 감사 표시를 하기 위해 유엔 마크와 비둘기를 그려 넣고 '유엔한국위원회 환영'이라는 제목을 달아 기념우표를 발행했다.

★ 남과 북, 혼란 속에 임박한 전쟁

1949년 10월, 중국 내전에서 공산당이 승리를 거두면서 북한의 민주기지노선은 단지 구호가 아니라 실제 계획으로서 구체화되었다. 먼저 김일성은 1949년 3월에 모스크바를 방문해 이오시프 스탈린 서기장과 만나 남침 계획을 논의한다. 소련은 북한과 경제·문화협정을 맺고 새로운 국가 건설에 다양한 지원을 아끼지 않았으나, 북한이 폭주할 것을 염려해 군사지원은 최저 수준을 유지했다. 같은 해 5월, 김일성은 소련 방문에 이어 중국을 방문한다. 그는 내전 승리를 거의 눈앞에 둔 중국공산당 지도자 마오쩌둥과 회담을 하고 만주 출신 조선인부대의 귀국을 요청했다. 마오쩌둥 역시 제안을 받아들였지만 스탈린과 같이 남침 계획에는 부정적인 자세를 취했다.

그러나 중화인민공화국 건국 직후인 1949년 11월에 베이징에서 개최된 아시아·태평양노동조합 대표자회의에서 중국 정부 부주석이었던 류사오치가 건국의 흥분을 담아 "무장투쟁은 식민지·반식민지 민족해방의 주요한 투쟁 형태"라고 연설하자 이에 감명받은 김일성은 다시 한 번 소련에 무력남침에 대한 지원을 요청한다.

1949년 말 미군이 한국에서 철수하기 시작하고 1950년 초 미국의 극동방위선에서 한국과 타이완을 제외하는 취지의 애치슨라인이 발표되자, 결국 소련도 남침에 대해 긍정적인 대답을 내놓

그림 18

는다. 이를 계기로 북한은 본격적인 전쟁 준비에 들어갔다. 무력 남침을 위한 북한의 사전 준비가 얼마나 철저하고 빈틈이 없었는 지는 당시 발행된 우표를 통해서 확인할 수 있다.

　그림 18은 1950년 북한에서 발행된 '해방 5주년' 기념우표 중 하나로, 소련에 의한 해방을 감사하기 위해 평양에 세운 해방탑 을 양국 국기로 표현하고 있다. 해방이 누구 덕분에 얻은 것인지 는 차치하더라도, 일단 일본 식민통치로부터의 해방은 남한과 북 한 모두에게 국가의 원점을 상기시키는 매우 중요한 의미를 지닌 다. 지금도 매년 8월 15일에 양국에서 성대하게 기념행사가 열리

는 것을 보아도 알 수 있다. 원래라면 해방 5주년을 맞는 1950년 8월 15일에 남북 모두 대규모 기념행사를 열었을 터였다. 그러나 1950년 8월은 한국전쟁이 한창이었기 때문에 '해방 5주년' 기념행사를 열 수 없었다. 실제로 남한은 기념우표조차 발행하지 못했다.

그에 비해 북한은 공식 기념일보다 2개월여 이른 6월 20일에 서둘러 '해방 5주년' 기념우표를 발행했다. 나름의 이유를 갖고 광복 기념우표를 2개월이나 앞당겨 발행한 것이다. 이는 실제 광복 기념일에 해당하는 8월 15일에 광복 기념우표를 발행하는 게 불가능하거나 또는 어려울 거란 사실을 미리 알았다는 증거다. 광복 기념우표를 발행하고 불과 5일 후에 한국전쟁이 일어났다는 사실은 북한 스스로 우표를 통해 한국전쟁이 남한과 미국의 도발에 의한 것이 아닌, 자신들의 소행이었음을 고백하는 꼴이다.

북한이 순조롭게 남침을 준비하는 동안, 남한은 정치·사회적으로 미군정 때보다 더한 혼란을 겪고 있었다. 1948년 4월에는 제주4.3항쟁이, 10월에는 여수·순천사건이 일어나는 등 전국에서 끊임없이 무장투쟁이 일어났다.

이러한 투쟁에 대한 이승만 정권의 강경 대응은 친일파 청산이 애매하게 마무리된 점과 더불어 국민의 거센 비난과 불만을 불러왔다. 경제 상황 역시 이승만 정권을 취약하게 만드는 요인이었다. 건국 이듬해인 1949년도 국가 예산을 보면 총세출액의 60%가 적자 세출이었다. 때문에 한국은행의 지폐가 증발되듯 없

어지고 물가는 미군정 시기 말보
다 두 배 이상이나 올랐다. 게다
가 미국의 경제지원도 건국 이전
의 1억 7천만 달러보다 줄어든 1
억 1천6백만 달러였다. 한국의
정치·경제 상황에 위기감을 느
낀 미국 국무부가 1950년도 하
반기에 6천만 달러의 추가 원조
안을 의회에 제출했지만, 야당의
반대로 부결되었다. 결국 미국

그림 19

국무부는 1950년 4월, 한국 정부가 재정정책을 수정하고 인플레
이션 억제에 진지하게 임하지 않으면, 군사 및 경제원조를 재검토
하겠다고 경고했다.

　정치와 경제의 혼란 속에서 1950년 5월 제1대 국회의 임기가
만료되었다. 총선거를 앞두고 선거 승리를 자신하지 못한 이승만
정권은 국내 치안 악화를 이유로 선거를 연기하려고 했다. 그러자
미국이 헌법 규정에 따라 5월 중에 선거를 실시하지 않으면 원조
를 중지하겠다는 압력을 가했고, 결국 예정대로 5월 30일에 선거
가 실시되었다. 제1회 총선거 때와 마찬가지로 남한의 우편행정
당국은 제2대 국회의원 선거를 기념하는 그림 19의 우표를 발행했
다. 하지만 지난번과는 달리 우표상에 선거일을 기록하지 않았다.
선거 연기를 시도한 이승만 정권의 태도가 반영된 탓이다.

총선거 결과 여당이었던 이승만 정권은 전체 210석 중 30석 밖에 의석을 확보하지 못하며 참패했다. 대신 남북 분단을 고착시 킨다며 지난번 단독선거에 출마하지 않은 중간파가 130석을 확 보하며 다수당이 되었다. 선거 참패로 이승만 정권의 퇴장이 가시 화되던 그 순간 운명의 1950년 6월 25일이 다가왔다.

★ 우표, 남침을 기록하다

1950년 6월 25일, 북한군이 38선을 넘어 한국 영토를 침입했 다. 한국전쟁의 시작이었다. 북한군의 기습 공격으로 일어난 한국 전쟁은 한반도 내에서 이루어진 내전이었지만 국제사회는 그냥 '내전'으로 내버려두지 않았다. 뉴욕 시각으로 6월 25일 오후 2시, 한국 시각으로는 26일 오전 3시에 소련의 결석하에 유엔 안전보 장이사회^{이하 안보리}가 열렸다. 당시 소련은 이전 해인 1949년 국민 당 정권과의 내전에서 승리한 후 수립된 중화인민공화국이 유엔 에서 대표권을 갖지 못한 것에 항의하며 안보리 출석을 거부하고 있었다. 안보리는 북한의 남침을 침략 행위라고 규정하며 38선 이 북으로 철수할 것을 요구했다. 그러나 북한군은 안보리 결의를 무 시하고 남침을 계속해 6월 28일에는 서울을 점령했다.

그림 20은 7월 10일에 북한이 서울 점령을 기념해 발행한 우 표로 서울의 정부청사에 걸린 북한 국기를 담았다. 전시라는 긴

박한 상황에서, 더구나 보름도 되
지 않는 짧은 시간 안에 우표를
발행한 점으로 미루어 북한이 사
전에 우표 발행을 준비했음을 말
해준다. 앞의 광복 5주년 기념우
표와 마찬가지로 북한의 남침을
증명하는 자료 중 하나다.

그림 20

　서울이 함락되자 트루먼 대
통령은 미 해군과 공군에게 38
선 이남의 북한군을 공격하라는 명령을 내렸다. 안보리 또한 "북
한의 침공을 격퇴하기 위해 가맹국은 한국이 필요하다는 군사를
원조한다"라는 결의안을 채택하고 미국의 군사 개입을 승인했다.
이때만 해도 트루먼 대통령은 지상군 투입에 의한 한국전쟁 전면
개입에 신중을 기했다. 북한의 침략은 반드시 저지해야 했지만 만
약 소련이 개입한다면 제3차 세계대전으로 번질 위험성이 있었기
때문이다.

　그러나 일본 점령군 총사령관으로 도쿄에 있던 맥아더는 6월
29일, 함락 직후의 서울을 시찰해 보고하며 지상군 투입을 강력
하게 주장했다. 다음 날 트루먼 대통령이 맥아더의 주장을 받아
들여 지상군 투입을 결정했다. 그러나 규슈에서 남한으로 서둘러
파견된 미군 제24사단은 준비 부족으로 7월 5일 있었던 북한과
의 첫 전투인 오산전투에서 패배하고 만다.

그림 21

　미군만으로 상황이 진정되지 않자 안보리는 7월 7일에 유엔군
창설을 결의하고 사령관 임명을 트루먼 대통령에게 위임했다. 다
음 날인 8일, 맥아더가 유엔군 사령관으로 취임하며 한국전쟁은
새로운 국면을 맞는다. 59개 유엔 가맹국 중 파병을 찬성한 국가
는 52개국으로, 그중 미국, 영국연방 등 21개국이 군사를 파견했
다. 유엔군은 적어도 표면적으로는 국제사회의 여론을 반영한 결
과였다. 그림 21은 당시 한국전쟁에 참전한 영국 군인이 고국에 보
낸 엽서로 당시 영국은 미국에 이어 가장 많은 병력을 파견한 국
가였다.

　그러나 유엔군에 대한 반대 의견도 만만치 않았다. 안보리 결
의 때 소련이 결석 상태였다는 이유로 사회주의 진영은 유엔군

그림 22

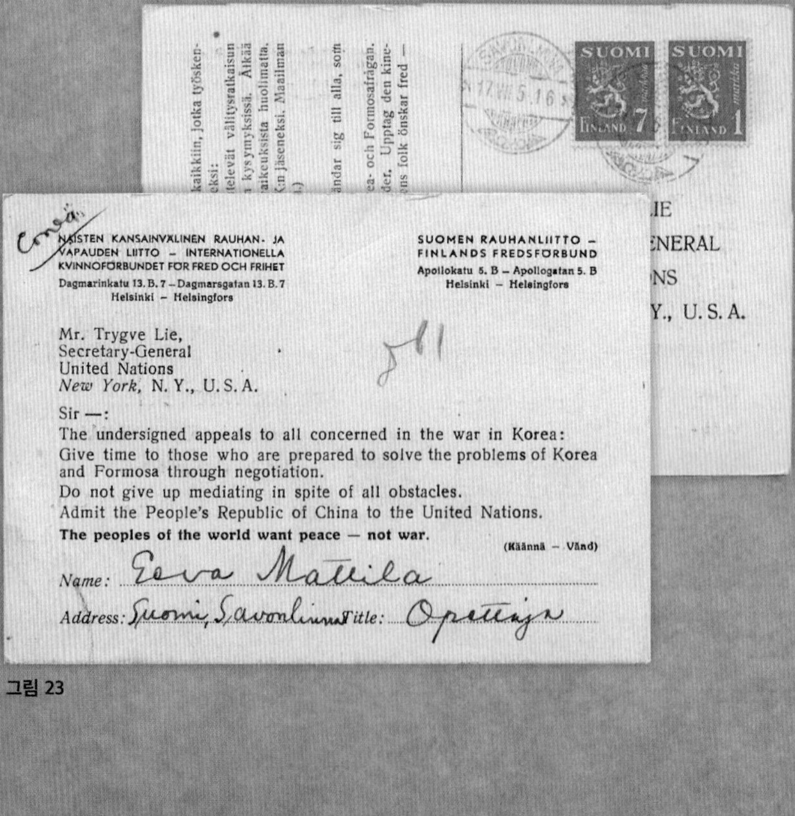

SUOMI SUOMI

17 VII 5 16 s

FINLAND 7 FINLAND 1

kaikkiin, jotka työsken-

eksi:

delevät välitysrakkaisun

k kysymyksissä. Aikää

raukeuksista huolimatta.

Kn jäseneksi. Maailman

andar sig till alla, som

ea- och Formosafrågan.

der. Upptag den kine-

folk önskar fred —

LIE

ENERAL

ONS

Y., U.S.A.

Ceva

NAISTEN KANSAINVÄLINEN RAUHAN- JA
VAPAUDEN LIITTO — INTERNATIONELLA
KVINNOFÖRBUNDET FÖR FRED OCH FRIHET
Dagmarinkatu 13. B. 7 —Dagmarsgatan 13. B. 7
Helsinki — Helsingfors

SUOMEN RAUHANLIITTO —
FINLANDS FREDSFÖRBUND
Apollokatu 5. B — Apollogatan 5. B
Helsinki — Helsingfors

Mr. Trygve Lie,
Secretary-General
United Nations
New York, N. Y., U.S.A.

Sir —:

The undersigned appeals to all concerned in the war in Korea:

Give time to those who are prepared to solve the problems of Korea
and Formosa through negotiation.

Do not give up mediating in spite of all obstacles.

Admit the People's Republic of China to the United Nations.

The peoples of the world want peace — not war.

(Käännä — Vänd)

Name: Eeva Mattila

Address: Suomi, Savonlinna Title: Opettaja

그림 23

창설 및 참여에 거부 의사를 밝혔다. 소련과 중국을 위시해 사회주의 진영은 '전쟁을 좋아하는 호전적인 국가'라고 미국을 비난하고, 자신들을 '평화 세력'으로 칭하며 '조선 인민과의 연대'를 강조했다.

그림 22는 헝가리 정부가 조선 인민과의 연대를 위해 발행한 선전엽서로 나란히 선 백인과 흑인 어린이 가운데에 동양인 어린이가 보인다. 순진무구한 어린이를 희생시키는 전쟁을 비판하며 유엔군의 이미지를 깎아내린 것이다.

한국전쟁이 '내전'이 아니라 동서 냉전의 힘겨루기 속에서 '국제전'으로 비화하는 것에 북유럽의 중립국들 또한 우려의 목소리를 보냈다. 핀란드의 경우, 이웃나라 노르웨이 출신인 트리그브 할브란 리 유엔 사무총장에게 아래와 같은 내용을 담은 그림 23의 엽서를 조직적으로 보내는 운동이 일어나기도 했다.

유엔 사무총장 트리그브 할브란 리 귀하

서명인은 한반도에서 일어난 전쟁과 연관된 모든 사람에게 다음과 같이 호소합니다.

한국 및 타이완 문제를 교섭으로 해결하려는 의지를 지닌 분에게 시간을 내어주세요.

어떠한 장애에도 굽히지 않은 채 중재를 포기하지 말아주세요.

중국에 유엔의 대표권을 주세요.

세계의 사람들은 전쟁이 아닌 평화를 바랍니다.

서울을 함락시킨 북한군은 파죽지세로 남쪽으로 돌격했다. 7월 4일에 수원을, 20일에는 대전을 각각 점령했다. 반면 서울을 빼앗긴 한국 정부는 부산으로 수도를 임시 이전했다. 유엔군과 국군 또한 패전을 거듭하다 최종 방위선으로 낙동강 교두보를 간신히 확보한 채 북한군 공격을 가까스로 막아내고 있었다.

그때 맥아더가 북한군의 허리를 절단하여 섬멸한다는 계획을 세우고 기습적으로 인천상륙작전을 감행한다. 애초 인천상륙작전을 두고 유엔군 내부에서도 위험성이 너무 크다며 성공 가능성을 낮게 봤다. 그러나 맥아더는 반대를 무릅쓰고 작전을 밀어붙여 9월 15일 미군 해병대가 인천 월미도에 상륙했고, 작전 개시 2시간 만에 성공적으로 끝냈다. 당시 북한은 주력군 대부분을 남부전선에 투입해 서울과 인천 지역에는 약 1만 명의 병력밖에 남아 있지 않았다. 유엔군은 9월 16일 인천을 탈환하고, 이어 28일 서울까지 탈환하며 전세를 뒤집었다. 그림 24는 1965년 발행된 서울 수복 15주년 기념우표로 정부청사에 내걸린 대한민국 국기를 크게 묘사했다.

그림 24

사실 유엔군이 한국전쟁에 개입한 목적은 북한군을 38선 이북으로 철수시키는 것이었기에, 이 시점에서 전쟁을 그만두

그림 25

는 게 정상이었다. 그러나 서울을 탈환한 뒤 미국 정부 내에서 38
선 돌파를 둘러싸고 대립이 시작됐다. 결국 38선을 넘어 북한 지
역으로 진격하는 최종 판단을 맥아더에게 맡겼다. 그 결과 유엔
군은 점차 북한군 전멸을 최우선 과제로 삼던 맥아더의 생각에
끌려가는 신세가 되었다. 10월 1일, 한국군이 동해안에서 38선을
돌파하자 맥아더는 북한에 항복을 권고했다. 같은 달 19일에 평
양을 점령한 한국군과 유엔군은 북진을 멈추지 않고 10월 24일
에는 압록강까지 진격했다. 한국군이 압록강에 도달하자 이제 전
쟁은 끝이라고 생각한 사람들이 적지 않았다. 아니, 전쟁이 끝났

다고 여기는 사람들이 대다수였다.

이러한 분위기를 반영해 남한 정부는 11월 20일에 그림 25의 '국토 통일' 기념우표를 발행했다. 100원짜리 2종, 200원짜리 1종으로 총 3종이며, 100원짜리 우표에는 각각 이승만 대통령 초상과 백두산 정상인 천지에서 휘날리는 태극기가 그려 있다. 200원짜리 우표에는 한반도 지도를 사이에 두고 유엔기와 태극기를 나란히 배치했다. 한국군과 유엔군의 협력으로 남북통일을 이룩했음을 나타낸다. 사실상 유엔군의 주력은 미군이었지만 남침을 행한 북한에 맞서 국제사회가 한 목소리로 비난하고 있음을 그렇게 강조한 것이다.

★ 중국군의 참전과 핵무기 사용의 위기

한국전쟁 발발 초기, 중국은 전쟁에 개입하려는 의지가 별로 없었다. 김일성이 개전에 이르기까지의 사전 계획을 소련에 차례대로 상세히 전달한 것에 비해, 중국에는 개전 1개월 전에야 비로소 전쟁 계획을 통보했을 정도였다. 개전 후에도 중국이 군사상의 문제점을 지적했지만 북한은 무시했다. 중국의 충고를 받아들였다면 유엔군의 인천상륙작전 성공은 장담하기 어려웠을 것이다. 어쨌든 1950년 10월 1일, 한국군이 38선을 넘어 북진하면서 전세가 역전되자, 북한은 다시 한 번 중국에 지원을 요청하나 여전히 중국은 즉답을 피했다.

그러다 유엔군이 평양을 점령한 뒤에도 북진을 멈추지 않고 중국과의 국경지역까지 밀고 올라오면서 태도를 바꿨다. 한반도 정세가 중국의 안전에까지 영향을 끼칠 수 있다는 점을 상기했기 때문이다. 마오쩌둥은 아래와 같은 다섯 가지 이유를 내세우며 한국전쟁 참전을 설득했다.

① 한국전쟁 발발 후 6월 27일 발표된 트루먼의 성명은 한국, 타이완, 인도차이나에서의 군사 개입을 결정한 것이다. 중국은 이것에 대해 반격할 필요가 있다.

② 미군이 압록강 이남을 제압해 북한이라는 완충국이 사라지면, 중국은 구 만주 공업시설을 지키기 위해 이 지역에 대량의 군사력을 주둔시켜야 한다. 현재 중국의 국력으로는 그것이 불가능하다.

③ 미국과 교전을 한다면 일본이나 독일이 부흥하지 않은 지금이 적당하다. 또한 국가 건설 중인 지금이 차라리 전쟁의 영향을 덜 받는다.

④ 지금 한국전쟁에 참전하지 않으면 이후 한반도 출병의 대의명분을 잃는다.

⑤ 미국의 전략적 요충지는 유럽이므로 아시아에 투입할 수 있는 병력은 한정적이다.

이렇게 중국은 10월 8일, 순망치한脣亡齒寒, 즉 입술이 없으면 이가 시리다는 명분을 내세우고 한국전쟁 참전을 결정한다. 중국은 이 전쟁을 미국에 대항하고 조선을 돕는 '항미원조抗美援朝 전쟁'이라 부르며 지원 병력을 모집했다. 한국전쟁 참전을 결정하긴 했으나, 마오쩌둥 역시 가능하면 미국과의 전면전만큼은 피하고자 했다. 그래서 어디까지나 미군의 압록강 진출을 저지하는 것을 최우선 과제로 삼았다. 출병의 범위 역시 국경 부근으로만 한정했으나 전황이 복잡

그림 26

하게 전개되며 이 원칙은 무시되고 말았다. 조선으로 출병한 군대 또한 사실상 정규군이었음에도 표면적으로는 민간이 자원하는 의용군 형식으로 조직됐다. 그래서 중국과 북한에서는 한국전쟁에 참전한 중국군을 인민의용군 또는 인민지원군으로 부른다. 그림 26은 당시 중국 인민지원군이 보낸 군사우편의 편지봉투다. 아예 봉투에 중국인민지원군이라는 말이 인쇄되어 있다. 소인 역시 중국인민지원군이라고 찍혀 있다. 군사우편은 요금이 무료이기에

우표는 붙어 있지 않다.

한국전쟁에 개입한 중국인민지원군과 유엔군의 첫 전투는 1950년 10월 25일, 국경 부근에서 작은 규모로 시작되었다. 항일전쟁과 국공내전을 거치며 풍부한 전투 경험을 쌓은 중국군은 징을 울리고 나팔을 불고 소리를 지르며 심리적인 압박과 공포감을 주는 공격으로 유엔군을 남쪽으로 밀어냈다. 이에 11월 8일, 맥아더는 중국의 진입과 보급을 저지하고자 중국과 북한을 연결하는 압록강 다리를 폭파시켰다.

한편 미국의 트루먼 대통령은 11월 30일의 정례 기자회견 후 질의응답을 통해 "우리는 언제나 보유하고 있는 무기를 사용할 수 있다"며 원폭 사용 가능성을 시사해 전 세계를 충격으로 몰아넣었다. 미국이 한반도에서 원폭 사용을 처음 검토하기 시작한 것은 1950년 9월 무렵으로 인천상륙작전을 감행하기 직전이었다. 당시 유엔군은 잇따른 패배로 한반도 동남부까지 밀려 있는 상황이었다. 미국은 이미 태평양전쟁에서 일본을 패퇴시켰던 원폭을 사용함으로써 전세를 단숨에 역전시키려 했다.

당시 사회주의 진영은 이러한 미국의 의도를 파악하고 유엔군 참전 개시 때부터 미국의 핵무기 사용을 우려했다. 그림 27은 핵무기 사용을 반대하는 의미로 폴란드가 발행한 편지봉투로 한국전쟁 발발 직후인 1950년 7월에 제작됐다. 봉투에는 다음과 같은 문장이 스탬프로 찍혀 있다. "우리는 모든 핵무기 사용을 금지할 것을 요구한다. 그것을 최초로 사용한 정부는 전쟁 범죄국으로

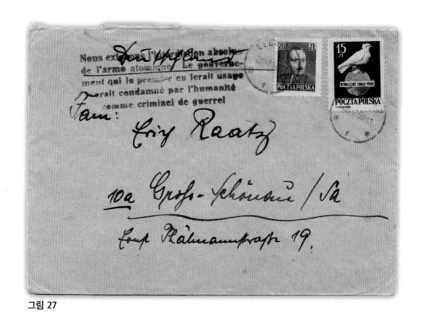

그림 27

국제사회의 재판을 받을 것이다."

　사실 당시 미국뿐 아니라 소련 역시 1949년 8월에 원폭 실험에 성공하며 핵무기를 소유하고 있었다. 그러나 소련에 동조하는 사회주의 진영은 '소련의 핵무기는 미국의 핵무기 위협에 대응하기 위한 정당방위'라며 그 의미를 달리 해석하고, 미국만을 대상으로 반핵운동을 전개했다. 위의 편지봉투에 찍힌 스탬프 역시 미국의 한국전쟁 참전 비판과 더불어 혹시라도 있을 핵무기 사용을 견제하기 위해 '핵무기를 최초로 사용한 정부'라는 방식으로 미국을 비난하고 있다.

　사회주의 진영만이 아니라 유럽의 동맹국들까지 핵무기 사용에 대해 비판적으로 나오자 미국은 핵무기 사용을 단념했다. 그

그림 28

러나 이는 정치적 판단이라기보다 오히려 기술적인 문제 때문이었다. 한반도에서의 원폭 투하에 대해 구체적으로 검토한 결과, 당시 기술로는 한국전쟁처럼 목표물이 쉴 새 없이 움직이는 경우 성공 확률이 매우 낮았다.

결국 원폭 투하는 없었지만 트루먼 대통령의 발언은 사회주의 진영에 좋은 공격 재료를 던져주었다. 다시 말해 '전 세계에 재앙을 불러오는 핵무기를 어떤 전쟁에서든 사용할 수 있'는 것이야말로 미국 제국주의의 본성이며, 따라서 미국은 국제사회의 비난을 받아 마땅한 국가가 되었다. 그림 28의 편지봉투에 당시의 분위기가 잘 담겨 있다. 이 편지봉투에는 "한반도 내에서 미국에 의한 전쟁을 멈추게 하자"라는 슬로건 위로 핵탄두 모양의 손가락을 가진 손을 전 세계 여섯 개 대륙의 사람들이 제압하는 장면이 그려 있다. 핵탄두 손가락을 가진 사람의 소매 버튼에 적힌 달러 표시는 미국을 나타낸다. 미국은 핵으로 무장한 괴물인 것이다.

★ 확전과 휴전 사이, 요동치는 아시아

중국군의 참전 이후 전황이 극적으로 변하였다. 1950년 12월, 한국군과 유엔군은 중국군의 대규모 공세에 밀려 패전을 거듭했다. 2주 동안 38선 이남까지 300킬로미터나 후퇴했으며, 총 3만 6천 명의 사상자가 발생하는 등 큰 피해를 입었다. 일시적으로 밀렸던 한국군과 유엔군은 2월 들어 전열을 정비하고, 3월 중순 서울을 수복하며 38선 이남의 요지를 확보했다.

이런 상황에서 '또다시 38선을 넘을 것인가'라는 문제가 관심사로 떠올랐다. 38선을 회복한 후 전략을 어떻게 세울 것인지를 결정해야 했다. '대한민국'의 범위를 어디까지로 할지에 따라 이후 전쟁에 임하는 태도가 근본적으로 달라질 수밖에 없었다. 기본적으로 한반도에 파견된 유엔군은 'Korea'에 침입한 적을 격퇴하고, 평화와 안전을 유지한다는 목적으로 창설되었다. 그러나 그 'Korea'의 범위에 대해 현지의 맥아더와 미국 정부는 생각이 달랐다. 맥아더는 'Korea'를 소련에 양보했던 38선 이북을 포함하는 한반도 전역으로 여겼으나, 미국 정부는 기본적으로 38선 이남 지역으로 한정하고 전쟁이 확대되는 것을 피하고자 했다. 제3차 세계대전이 일어날 빌미를 중국과 소련에 제공하지 않으려 한 것이다.

이러한 견해 차이로 맥아더와 트루먼 대통령은 대립하며 상대를 의심했다. 맥아더는 한반도 및 중국에서의 군사 행동을 제약하는 트루먼에게 불만을 표시했고, 트루먼 대통령 또한 미국의 대외정책에 혼선을 가져오는 맥아더를 비난했다. 1951년 3월, 유엔군이 서울을 수복하고 38선을 향해 북진을 계속하면서 갈등이 증폭되었다. 3월 4일, 맥아더는 '유엔이 현재의 제한을 풀고, 유엔군의 군사 행동을 중국의 연안과 내륙으로 넓힐 것을 결정한다면 중국은 곧 군사적 붕괴의 위기에 빠질 것이다'라는 내용의 성명을 발표했다. 맥아더의 성명은 상급자인 미국 대통령의 지시를 위반하고, 참전 우방국에 미국 정책을 호도함으로써 대외정책에 혼선과 불신을 가져온 행위였다. 게다가 당시 미국 정부는 트루먼 대통령의 성명 형태로 전쟁 종식을 위한 협상 또는 휴전 제의를 준비하고 있었다.

결국 4월 11일, 트루먼 대통령은 맥아더를 미군의 모든 직무로부터 해임하고, 그 후임에 리지웨이 미8군 사령관을 임명했다. 그리고 맥아더는 4월 16일에 도쿄를 떠나 귀국길에 올랐다. 당시 도쿄 하네다 공항에는 100만 명의 인파가 모여들어 전쟁 이후 자신들을 지배했던 '푸른 눈의 쇼군'을 배웅했다. 그림 29는 맥아더가 떠나는 날에 맥아더 앞으로 온 편지봉투다. 맥아더 이름과 "가능하면 빨리"라는 문장이 크게 적혀 있으며, 받는 주소는 도쿄뿐이다. 보낸 사람이 당시 얼마나 맥아더의 귀국을 애통해하고 아쉬워했는지를 느낄 수 있다.

그림 29

1951년 4월, 맥아더가 유엔군 사령관에서 해임된 이후로도 38선을 둘러싸고 전투가 계속됐다. 전투 자체는 격렬했지만 전황은 지리멸렬할 정도로 어느 한 편이 우위를 점하지 못했다. 이에 미국은 휴전 의지를 굳히고 '38선을 경계로 한 휴전'을 조건으로 교섭을 시작했다. 소련 또한 한국전쟁이 미국과 소련 간의 전쟁으로 확대되는 것을 막고자 중국에 휴전교섭을 시작하라고 요구했다. 중국과 북한도 막대한 인명피해와 완전한 승리를 거둘 수 없다는 판단 아래 휴전을 희망했다. 남한 측을 제외한 당사자 모두의 이해가 일치하자, 1951년 7월 10일에 개성에서 휴전협상을 시작한다.

한편 한반도에서 휴전회담이 중지 및 재개를 반복하는 동안 한국전쟁의 영향으로 동아시아, 특히 일본에 큰 변화를 불러온 '대일강화조약'이 조인된다. 제2차 세계대전 패전 후, 일본은 유엔군, 실질적으로는 미군의 점령하에 놓였다. 점령 초기 미군정은 철저하게 일본의 민주화와 비군사화를 추진했다. 그러나 1948년 8월에 한반도의 남과 북에 서로 이념이 다른 정부가 들어서고, 1949년 10월에 중국이 공산화되면서 미국은 일본 점령정책을 전면적으로 재검토했다. 동서 냉전의 격화에 따른 일본의 공산화를 우려한 나머지 민주화 조치를 전면 중단하고 안보 보장과 경제 부흥 우선으로 선회한 것이다.

1950년 6월, 한국전쟁이 발발함과 동시에 미국은 한반도에서의 전쟁 수행을 위한 배후기지로 일본을 지목하고, 같은 해 8월에는 미군의 공백을 메우기 위해 경찰예비대를 만들도록 지시했다. 패전 이후 헌법에 '군대 보유와 교전권의 포기'를 명시한 일본에 재무장의 길을 열어준 것이다. 경찰예비대는 1952년 보안대로 개편되었고 다시 1954년 자위대로 명칭을 바꿨다.

사실 대일강화조약은 미국의 신동아시아 전략에 따라 한국전

그림 30

쟁 이전부터 교섭이 진행되고 있었다. 강화조약을 위한 교섭에서
가장 큰 문제는 동아시아에서의 군사적 공백 상황이었다. 이 문제
는 결국 강화조약과 동시에 미일안전보장조약을 맺어 미군의 계
속 주둔을 보장하는 것으로 해결했다. 미일안전보장조약은 일본
내 미군 주둔을 규정하고 일본 내의 기지를 제3국에 대여할 때
미국의 동의가 필요하다는 내용을 담고 있다.

　사회주의 진영 국가들은 미군이 계속 일본에 주둔하는 것에 대해 즉시 반발했다. 1951년 9월 샌프란시스코에서 열린 평화회의에서 소련, 폴란드, 체코슬로바키아 3개국이 조약의 내용에 반대하며 서명을 거부했다. 특히 한반도에서 미군과 대치하던 중국은 대륙에 세워진 공산당 정권과 타이완의 국민당 정권으로 분열된 데다 혼란을 초래한다는 이유로 평화회의에 초대마저 받지 못했다. 이에 중국은 "미국에 의한 일본의 재무장을 단호히 반대한다"라는 슬로건이 찍힌 그림 30의 편지봉투를 제작해 배포하며 미국과 일본을 동시에 비난했다.

★ 미제 반대 투쟁, 그리고 휴전

1951년 8월 22일에 중단되었던 휴전회담이 약 2개월 후인 10월 25일, 판문점으로 장소를 옮겨 재개되었다. 판문점은 서울에서 북서로 약 60킬로미터, 평양에서 남으로 215킬로미터 떨어진 곳으로 당시만 해도 초가집 몇 채뿐이던 시골이었으나 이곳에서 휴전회담이 열리면서 세계 뉴스의 초점으로 떠올랐다. 10월 25일에 재개된 휴전회담은 1953년 7월 휴전협정이 조인될 때까지 만 2년에 걸쳐 159회의 본 회담과 765회의 각종 회담이 열리는 기록을 세웠다.

휴전회담이 지루하게 계속되는 동안 전선에서의 교착된 전투와는 별개로 남한과 북한 모두 후방은 어느 정도 안정을 찾아갔

그림 31

그림 32

다. 이때부터 북한은 대외 선전매체의 하나로 우표를 적극적으로 활용하기 시작했다. 미국 제국주의를 직접 비난하는 반미 우표를 발행하기 시작한 것이다.

그림 31은 1952년 6월 4일에 '미제 반대 투쟁의 날'이라는 제목으로 발행된 기념우표로 미국 제국주의와 싸우는 북한 인민군의 모습이 담겨 있다. 미군이 우표에 직접 등장하는 것은 아니지만, 당시 북한 인민군과 싸우던 대상이 누구인지 다 아는 상황에서 발행된 만큼 북한의 첫 번째 반미 우표라 할 수 있다. 그림 32는 이듬해인 1953년, 역시 '미제 반대 투쟁의 날'에 발행된 기념우표다. 지난해의 기념우표와 달리 미국을 상징하는 성조기가 직접 등장했다. 북한 인민군이 성조기를 마구 짓밟는 모습을 그려 넣음으로써 자신들의 조국해방전쟁이 남한이나 유엔군이 아닌 미

국과의 전쟁임을 명확하게 얘기하고 있다.

1953년 1월, 한국전쟁의 조속한 해결을 내세우며 당선된 아이젠하워가 미국 대통령으로 취임했다. 그렇지만 휴전협상 과정에서 계속 북한이 강경하게 나왔던 만큼, 아무리 아이젠하워 대통령이 의지가 있다고 해도 실제로 휴전이 성사되기엔 어려움이 많았다. 휴전이 성사된 데에는 아이젠하워의 의지보다 스탈린의 죽음이 더 결정적이었다. 1953년 3월 5일, 소련에서 스탈린이 사망하고 게오르기 말렌코프가 새로 서기장이 되었다.

스탈린의 죽음은 소련의 정책에 큰 변화를 가져왔다. 무엇보다 소련공산당 지도부는 그동안 가혹한 공포정치에 시달리던 인민들이 한꺼번에 분노를 표출하며 폭동을 일으키지 않을까 염려했다. 때문에 말렌코프를 비롯한 지도부는 국내 안정 확보를 최우선 과제로 삼고 국제분쟁에 개입하지 않는다는 방침을 세웠다. 한국전쟁 또한 중국과 북한을 설득해 하루빨리 휴전협정을 맺을 수 있도록 종용했다. 이러한 소련의 정책 전환은 비밀리에 진행됐기 때문에 대외적으로는 알려지지 않았다.

그림 33은 한 북한군 간부가 스탈린의 죽음을 애도하며 보낸 편지다. '위대한 수령, 스탈린의 죽음을 애도하며 새로운 수령 말렌코프에게 충성을 맹세한다'는 내용이 담겨 있다. 이때 사용한 편지봉투는 조선 인민군 창건 5주년을 기념해 제작된 것으로, 윗부분에 "미제 침략자들에게 저주와 죽음을 주라!"라는 슬로건이 적혀 있다.

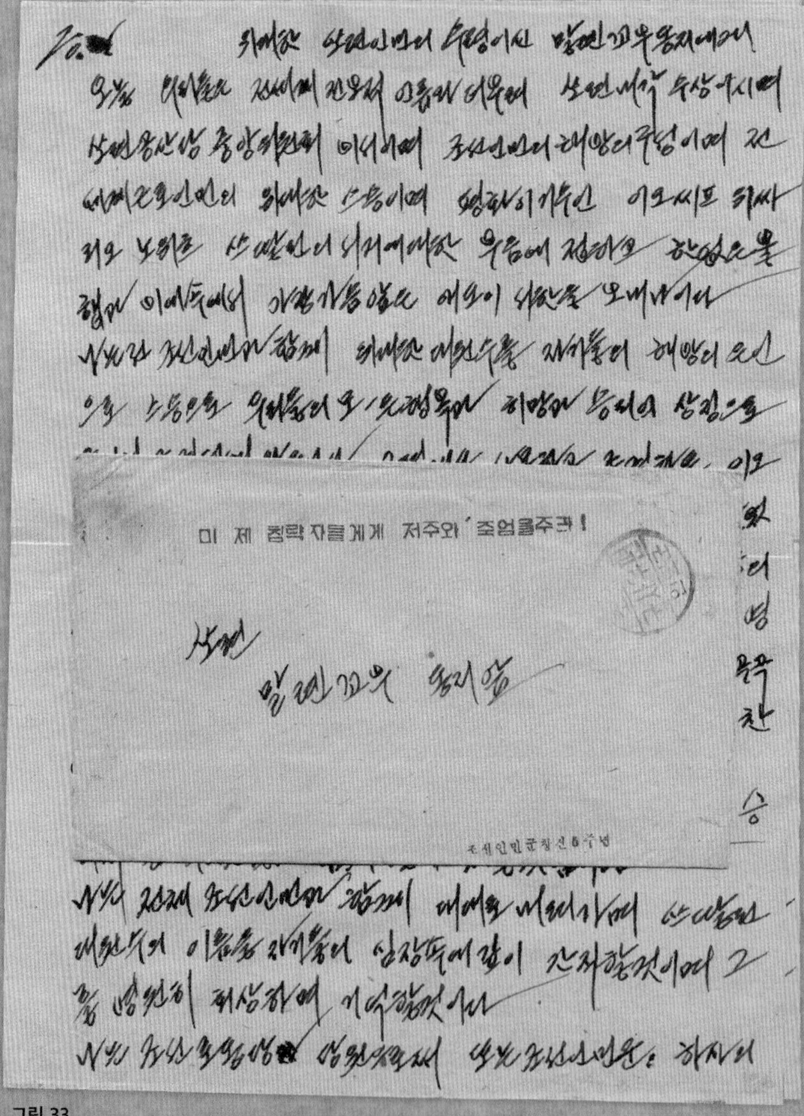

위대한 쌀린 이며 수령이신 말렌 꼬우 동지에게서
오늘 위대한 전선에 전우의 이름과 더욱더 쏘련 인민 수상 거서에
쏘련 공산당 중앙위원회 이서기에 조선인민의 태양의 수령이며 전
세계 근로인민의 위대한 스승이며 영화의 기수인 이오씨프 위싸
리오 노위츠 쌀린선생 서거에 대한 우음에 접하고 한없은불
행에 이어 더러에 가슴 가슴 않은 어오이 서한을 보내나이다
시대는 전인민과 함께 위대한 어린수를 지어들의 태양의 오신
으로 스승으로 위대한더로 오영웅의 희망의 등의 삼정으로

시대는 조선인민과함께 함께 위대로 위대가며 쌀 늘의
대한우리 이름을 지어들의 심장속에 깊이 산화할것이며 그
을 영원히 거심하여 기억할것나다
시대 조선 조영엔의 영원혼영으로 쌀도 조선민민은 하지며

그림 33

휴전 가능성이 커지는 것에 비례해 남한의 이승만 정부의 불만도 따라서 커져만 갔다. 남한의 시각에서 보면 한국전쟁은 북한의 무력남침으로 시작된 것이다. 따라서 침략자에 대해 철저한 응징 없이 전쟁이 마무리되면 지금까지 희생당한 국민을 설득시킬 수 없다는 게 이승만 정권의 생각이었다. 게다가 휴전협정이 당사자인 남한 정부를 제외하고, 유엔군을 대표하는 미군과 공산군북한과 중국군 사이에서 진행된다는 점에 불쾌감을 느꼈다. 때문에 휴전이 가까워지면서 남한 내에서는 휴전 반대를 외치는 시위가 잇달아 발생했다. 이승만 대통령 또한 '유엔의 문제아'라는 비난에도 아랑곳하지 않고 '휴전 절대 반대'의 입장을 고수했다.

6월 6일, 유엔군과 공산군 양측이 팽팽하게 맞섰던 전쟁포로 송환 문제가 타결되면서 휴전이 목전의 일로 다가왔다. 이에 이승만은 휴전 반대를 위한 마지막 저항을 시도했다. 6월 17일, 한국 경비대가 관리하는 포로수용소에서 중국과 북한으로 송환 예정이던 반공포로를 독단으로 석방한 것이다. 중국과 북한은 즉시 이승만을 비난하고 나섰으며 미국은 오랜 시일을 끌어온 휴전협상이 하루아침에 무너질 것을 우려했다. 미국은 자신들의 하수인이라 여겼던 이승만의 조치에 충격을 받았지만 재빠른 문제 해결을 위해 미국 국무부 차관보 로버트슨을 한국으로 급파했다. 결국 미국과 이승만 정부는 한미상호방위조약의 체결 및 국군 증강, 장기 경제원조 등을 조건으로 타협점을 찾는다.

1953년 7월 27일, 판문점의 휴전회담 본회의장에서 유엔군

그림 34

그림 35

그림 36

수석대표 해리슨 중장과 공산군 대표 남일 소장 간에 휴전이 조인된다. 그러나 남한은 휴전에 반대하지도 그렇다고 서명하지도 않는다는 이승만의 뜻에 따라 협정 조인을 거부했다. 휴전협정 이후 북한과 중국은 휴전을 기념하는 우표나 엽서를 발행했지만, 남한은 휴전과 관련해 아무것도 발행하지 않았다.

★ '위대한 수령'의 시대

휴전협정 이후 북한은 잠시 반미 우표를 발행하지 않았다. 이는 휴전과 함께 북한의 주된 관심사가 경제 부흥으로 옮겨갔기 때문이다. 게다가 김일성을 비롯해 북한 지도부가 소련파와 중국파로 서로 복잡하게 얽혀 권력투쟁을 벌이면서 '반미' 같은 대외 정치적 쟁점에 집중할 여유가 없었다.

그러다 1959년 6월 25일에 다시 반미 우표를 발행하기 시작한다. 그림 34는 당시 발행된 '미군 철수 투쟁의 날' 기념우표 4종 중 2종이다. 북한 정권은 6월 25일을 '한반도에서 미군 철수를 위한 투쟁이 시작된 날'로 선전하고 있다. 북한이 한국전쟁을 기념해 발행하는 '미군 철수 투쟁의 날' 기념우표는 1960년에도 이어졌다.

그림 35는 1960년에 발행된 우표로 '남조선에서의 미군 철거를 위한 공동투쟁의 날'이라는 제목을 달고 있다. 전년도의 것에

그림 37

그림 38

그림 40

그림 39

비해 '공동투쟁'을 강조함으로써 남한에서의 반미 투쟁을 선동하고자 한 것이다. 전쟁의 시작만이 아니라 휴전도 기념우표의 발행 주제 중 하나였다. 그림 36은 7월 27일의 휴전협정을 기념한 우표가 붙어 있는 엽서다.

반미 우표 발행과 함께 북한의 대외적인 외교활동도 부활했다. 1958년 2월, 한반도에서 외국군 철수를 요구하는 성명을 비롯해 1959년 1월에는 미일안전보장조약 개정에 반대하는 성명을 발표하는 등 적극적으로 외교 공세를 펼쳤다. 전후 수습과 경제 부흥에 성공했다는 자신감이 반영된 움직임이었다.

이후 북한은 1960년대와 70년대에 걸쳐 그림 37과 같은 일련의 반미 우표 시리즈를 대대적으로 발행한다. 이전처럼 '미제를 타도하자!' '양키, 이놈' 따위의 직접적인 구호를 내세워 단순히 미국에 대한 증오와 적개심을 공표하는 선전우표가 있는가 하면, 한편으로는 '반미'를 매개로 다른 의도를 선전하는 우표도 있다. 1971년 8월에 발행된 그림 38의 '반미반제투쟁' 기념우표는 "세계 도처에서 미제의 각을 떼내자!"는 섬뜩한 구호가 담겨 있지만, 미국에 대한 비난보다는 '반미'를 매개로 비동맹 국가와의 연대를 호소하는 데 주목적을 두고 있다.

그림 39는 1974년 1월에 발행된 '반제반미투쟁을 강화하자' 우표로 반미가 목적이 아니라 같은 제목의 김일성 저서를 선전하고 있다. 1977년 9월에 발행된 그림 40의 주체사상 국제세미나 기념우표 역시 친숙한 반미 이미지를 빌려 북한의 주체사상 보급을

그림 41

알리고 있다.

또한 북한은 한국전쟁을 조국해방전쟁이라 부르며 전쟁 결과를 자신들의 승리로 해석하고 자축했는데, 이 승리를 기념하며 발행한 우표에서도 북한의 관심이 변화하는 것을 엿볼 수 있다. 1993년에 발행된 그림 41의 조국해방전쟁 승리 40주년 기념우표와 1963년에 발행된 그림 42의 조국해방전쟁 승리 10주년 기념우표를 비교하면 10주년 기념우표에 담긴 성조기를 짓밟는 인민

그림 42

군은 없고, 김일성의 영웅담만이 보일 뿐이다. 주체사상을 내세우며 독자노선을 걷는 북한에 있어 이제 한국전쟁의 대상이 누구였는지는 중요하지 않게 되었다. 그보다는 김일성이 얼마나 '위대한 수령'인지를 알려주는 게 훨씬 더 중요한 과제가 되었음을 이 우표들을 통해 확인할 수 있다. 노골적인 디자인의 반미 우표가 사라진 자리를 '위대한 수령'을 찬양하는 개인숭배의 역사가 채우기 시작한 것이다.

2
베트남전쟁,
미국전쟁 혹은
10,000일의 투쟁

베트남

★ 전쟁을 부르는 서로 다른 말들

'베트남전쟁'을 부르는 말은 여럿이 있다. 가장 빈번히 사용되는 것이 베트남전쟁이지만 다른 말로는 '인도차이나전쟁'이라고도 한다. 전선이 베트남에만 국한되지 않고 라오스와 캄보디아 등 옛 프랑스 식민지인 인도차이나 전역으로 확대되었기 때문이다. 베트남에서의 공식 명칭은 '통일전쟁'이나 '해방전쟁'이지만 흔히들 '미국전쟁'이라고 부른다. 미국이든 베트남이든 전쟁 당시 교전했던 국가의 이름을 붙여 부르는 셈이다.

공식적인 호칭은 아니지만 '10,000일의 전쟁'이라는 말도 있다. 동명의 책 제목 때문에 유명해진 말이다. '10,000일'에서 알 수 있듯 전면전으로 진행된 전쟁으로는 20세기 들어 가장 길었다.

1945년에 프랑스와 전쟁을 시작해 1975년에 남북 베트남의 통일을 선포하기까지 30년이 걸렸다. 베트남은 이 전쟁에서 프랑스와 미국을 연달아 패배시켰다. 세계 최강으로 꼽히던 미군에 첫 패배를 안긴 것이 바로 베트남전쟁이다.

1940년 6월, 제2차 세계대전의 유럽전선에서 프랑스가 패배했다. 같은 해 9월, 중국을 거쳐 남하하던 일본군이 인도차이나에 발을 들여놓았다. 당시 인도차이나는 프랑스의 지배 아래 있었으나, 프랑스가 식민지에 주둔하던 군대를 유럽으로 불러들인 탓에 소수 병력만이 남아 있는 상태였다. 이에 인도차이나 주둔 프랑스군은 일본군에 변변한 저항도 하지 못한 채 항복했고 일본군이 인도차이나에 진주하기 시작했다. 일본은 무력으로 인도차이나 전역을 점령하고 직접 지배하는 대신, 프랑스의 형식적인 식민통치를 인정하면서 주둔하는 방식을 취했다.

그림 1은 태평양전쟁 발발 후인 1942년 12월에 일본의 종합 무역상사인 동양면화의 하노이 지점에서 나고야의 본사로 보낸 우편물의 봉투다. '하노이 헌병 검열 완료河內 憲兵 檢閱濟'라는 소인을 통해 당시 하노이에 주둔하던 일본군 헌병대가 민간 우편물까지 검열했음을 확인할 수 있다. 그렇지만 소인과 달리 우표는 프랑스 식민지시대에 발행한 것이 붙어 있다. 프랑스의 통치권이 형식적으로는 유지되고 있다는 것, 그러나 실제로는 일본군이 사회 기본 시스템을 장악하고 있다는 것을 소인과 우표의 어색한 조합에서 느낄 수 있다.

그림 1

1945년 3월, 일본군은 종래의 간접 지배 방침을 버리고 직접 지배로 돌아섰다. 프랑스의 식민통치를 철폐한 뒤 바오다이를 황제로 내세워 베트남제국을 수립한 것. 청조의 마지막 황제였던 푸이를 내세워 만든 만주국의 경우처럼 또 하나의 괴뢰정권을 만들어 일본의 반半식민지로 만들겠다는 계획이었다. 그러나 일본의 인도차이나 지배는 짧게 끝났다.

같은 해 8월 15일, 일본은 연합국에 대해 무조건 항복을 선언했다. 이에 베트남독립동맹1941년 결성된 공산주의자 중심의 베트남 독립운동단체. 이하 베트민은 8월 19일, 즉시 일본군을 무장 해제시키고 하노이를 점령했다. 8월 25일에 사이공까지 접수하고, 9월 2일에는 호치민을 수반으로 하는 베트남민주공화국이 건설되었음을 발표한다.

그림 2   그림 3

　베트남민주공화국은 우편에서도 자신들의 정통성을 주장하기 위해 먼저 프랑스 식민지시대의 우표를 모두 거둬들였다. 그리고 그림 2처럼 '베트남민주공화국VIET-NAM DAN-CHU CONG-HOA'이라는 문자를 추가로 인쇄해 사용토록 했다. 이어 1946년에는 그림 3처럼 호치민 주석의 초상이 그려진 베트남민주공화국 최초의 공식우표를 발행했다.

　하지만 베트남 인민에 의한 자주적 독립국가 건설은 결코 순탄하지 않았다. 연합국의 전후 처리 방침에 따라 프랑스 군대가 들어오기 전까지 베트남 북부에는 중국의 국민당 군대가 진주했고, 남부에는 영국 군대가 상륙했다. 그리고 이들의 묵인 아래 프랑스 군대가 다시 들어왔다. 프랑스 군대는 사이공을 재점령하고, 베트남민주공화국이 지배하고 있던 베트남의 주요 지역을 공격하였다. 바로 1차 베트남전쟁의 시작이다.

그림 4

본격적으로 베트남의 재식민화를 꾀한 프랑스는 각 지역에서 베트민과 치열한 전투를 벌이는 한편 홍콩에 망명 중이던 바오다이를 불러들여 국가원수로 내세운 채 '베트남국'을 수립했다. 군사적으로는 자신들이 나서되 정치적으로는 베트남인들끼리 경쟁하는 구도로 만들려는 속셈이었다.

그림 4는 1951년 발행된 베트남국 최초의 공식우표다. 베트남 응웬 왕조의 마지막 황제이자 일본과 프랑스가 두 번이나 괴뢰정부의 수반으로 추대한 바오다이의 초상이 그려 있다. 처음에 베트남국은 프랑스 본국과 예전 식민지 지역의 연합체인 프랑스연합에 속해 있었기 때문에 프랑스 우표를 그대로 사용했다. 그러나 베트남민주공화국과의 경쟁을 위해 국내외에서 별도의 독립국으로 인정받을 필요가 생기자, 1951년부터 독자적인 공식우표를 발행했다. 우표에도 베트남 분단의 역사가 비로소 각인되기 시작한 것이다.

그림 5의 편지봉투는 1951년 10월에 베트남에서 프랑스로 보낸 항공우편으로, 프랑스에서 발행한 우표와 베트남국이 발행한

그림 5

우표가 나란히 붙어 있다. 베트남국의 독자적인 공식우표가 발행
된 지 얼마 지나지 않은 시기라, 프랑스 우표가 공용으로 사용되
었다는 사실을 말해준다.

★ 냉전의 제1전선, 베트남

1차 베트남전쟁 발발 초기만 해도 미국은 인도차이나에서 벌
어지는 프랑스의 식민지 재탈환 작전에 냉담했다. 제2차 세계대
전 이후로 종래의 식민지배 구조가 약해지고 독립국가 건설의 욕
구가 거세진 만큼 예전과 같은 식민주의는 시대착오적이라고 생
각한 것이다.

그러나 세계적으로 공산주의 진영이 빠르게 세력을 확장하면서 미국은 태도를 바꾼다. 1949년 10월, 장제스의 국민당 정권이 내전에 패배해 타이완으로 밀려난 후 마오쩌둥이 이끄는 중국공산당이 중화인민공화국을 수립했다. 이어 1950년 6월, 한반도에서 한국전쟁이 일어나면서 베트남전쟁은 '냉전'이라는 국제 흐름에 속수무책으로 끌려 들어갔다. 사실 1차 베트남전쟁은 국제 공산주의운동과 상관없이 시작되었다. 동유럽과 북한에 세워진 공산주의 정권이 소련의 군사·정치적 영향력 아래 있었던 데 비해, 건국 초기의 베트남민주공화국 정부는 아무런 지원도 받지 않았기 때문이다.

냉전은 베트남의 정치 지형을 복잡하게 만들었다. 먼저 1949년에 중국과 소련이 연달아 호치민의 베트남민주공화국을 정식으로 승인했다. 1950년 5월에는 미국이 바오다이의 베트남국을 공식 승인하고 프랑스에 군사원조를 시작했다. 미국은 프랑스와 상호방위조약을 체결한 후, 그 협약에 따라 인도차이나에 군함을 정박시키고 군사고문단까지 파견하는 등 1953년까지 막대한 전쟁 지원금을 쏟아 부었다.

당시 미국은 광신적 반공주의 열풍인 매카시즘의 소용돌이에 휘말린 탓에 공산주의와 조금이라도 관련이 있다고 의심이 들면 일단 개입하고 간섭하려 했다. 베트남전쟁도 그중 하나. 베트남에서 공산주의자들이 승리하는 것을 도저히 묵인할 수 없는 데다, 그 주변 국가들까지 연쇄적으로 공산주의화 된다는 '도미노 이론'

그림 6

그림 7

을 의심할 여지 없이 받아들였다.

그러나 베트남민주공화국은 흔들리지 않았다. 오히려 중국과 소련의 지원을 등에 업고 총반격을 개시하기로 결정한다. 그림 6은 1954년 초에 벌어진 디엔비엔푸 전투의 승전을 기념하는 우표로, 이 전투에서 프랑스군을 초토화한 베트민은 승리를 거듭하며 순식간에 베트남 국토의 3/4을 점령했다.

그림 7은 당시 소련과 중국의 우호관계를 배경으로, 베트남민주공화국이 1954년 2월 발행한 '중국·소련·베트남 3국 우호동맹' 기념우표다. 소련과 중국의 베트남민주공화국 승인을 기념하는 것으로, 호치민 초상을 중심으로 말렌코프와 마오쩌둥 초상을 좌우에 배치하고 뒤에 세 나라의 국기를 그려 넣었다. 이때 호치민 초상은 정면을 향하지 않고 우측의 마오쩌둥을 향해 살짝 틀어져 있다. 인물 하나를 그린 것도 아닌데 이런 과감한 구도를 취한 것은 무슨 까닭일까? 어쩌면 당시 중국이 소련보다 더 적극적으로 지원한 사실을 반영했는지도 모를 일이다.

그림 8

베트민에 승기를 빼앗긴 프랑스는 더 이상 전쟁을 지속할 수 없다고 판단했다. 게다가 본토에선 한창 평화운동이 벌어지고 있었다. 결국 미국, 소련, 중국 등에 휴전을 희망한다는 의견을 제시한다. 1954년 7월 21일, 베트남민주공화국과 프랑스는 제네바에서 회의를 하고 휴전협정을 맺었다. 이때 프랑스는 북위 17도선을 임시 경계선으로 하여 휴전선 이남에서 총선거를 실시하겠다고 약속하고, 동시에 베트남, 캄보디아, 라오스 등 종래의 식민지인 인도차이나 3국의 해방을 선포했다.

휴전은 되었지만 베트남 통일의 길은 여전히 멀었다. 중국과 소련이 베트남민주공화국에게 총선 이전까지 북위 17도선을 기점으로 하는 분할 통치안을 수용하라고 요구했고, 그동안 양국에서 지원받아 온 베트남민주공화국은 받아들일 수밖에 없었다.

한 가지 재미난 것은 휴전협정 조인 후인 1954년 10월에 발행된 그림 8의 우표다. 기본 모양과 내용은 그림 7과 유사하지만 호치민 초상이 정면을 향하고 있다. 소련과 중국 어느 쪽의 영향도 받지 않고 자신만의 길을 가겠다는 의지의 표현인지, 아니면 휴전 협상 과정에서 보여준 중국의 태도에 실망한 속내를 나타낸 것인지 궁금할 따름이다.

★ 남베트남이여, 스스로 해방하라

1954년, 1차 베트남전쟁에서 프랑스의 패색이 짙어지자 미국은 그해 9월에 유럽의 북대서양조약기구와 비슷한 '동남아시아조약기구'를 결성한다. 베트남국, 캄보디아, 라오스 등 인도차이나 3국이 그 보호지역으로, 미국이 주도하는 반공산주의 군사블록이었다. 여기에 프랑스가 돌연 미국과 워싱턴에서 회담을 열어 프랑스 식민정부가 갖고 있던 모든 권력을 남베트남 정부, 즉 베트남국에 넘겨버린다고 선언해버린다. 제네바협정에 명시한 의무를 수행하지 않겠다는 의미였다.

프랑스와의 회담 직후, 미국은 명목상의 국가원수였던 바오다이를 밀어내고 남베트남 정부의 수상으로 당시 미국에 망명 중이던 고딘디엠을 내세웠다.

그림 9는 고딘디엠이 등장하

그림 9

그림 10

는 남베트남의 우표로 그의 활력과 단호함을 과장해 표현하고 있다. 미국과 지주 및 자본가계급의 지지를 등에 업고 권력을 쟁취한 고딘디엠은 대외적으로는 친미 기조를 내걸고 대내적으로는 반공 정책을 표방하며 독재체제를 구축했다. 베트남은 불교국가였지만 지배층 안에는 가톨릭의 비율이 높았다. 고딘디엠 정권은 종교적으로 가톨릭을 옹호하고 불교를 배척했다. 무엇보다 남베트남 내 공산주의와 민주주의를 억압하는 데 온 힘을 기울였다. 미국 또한 제네바협정을 무시한 채 공공연하게 고딘디엠 정권에 군사원조를 해주며 정권 유지를 돕는다.

그림 10은 1955년 7월 29일, 남베트남의 수도 사이공^{현재의 호치민}시에서 남동부의 롱쑤엔 지방으로 보낸 등기우편으로, 이튿날 30일에 도착했다는 우편 소인이 찍혀 있다. 여기서 주목해야 할 것은 겉면에 찍힌 사각형의 스탬프다. 안에 '제네바협정에 저항하고 공산주의를 타도하자^{DA DAO VIETCONG PHAN DOI HIEP DINH GENEVE}'라는 표어가 보인다. 이처럼 고딘디엠 정권은 총선거를 통해 통일정부 수립을 규정한 제네바협정에 노골적으로 적의를 품고 있었다. 중요한 것은 실제 우편 업무와는 아무 상관없는 이런 스탬프를 우편물에 찍음으로써 주민에게 정권의 생각을 자연스럽게 침투시키려 했다는 점이다. 우표만이 아니라 우편물 전체가 하나의 미디어로 활용된 셈이다. 구호 속에 나오는 'Vietcong'은 1960년에 결성된 남베트남 민족해방전선^{이하 민족해방전선}이 아닌, 이미 50년대 당시에 고딘디엠 정권이 공산주의자를 낮추어 부르던 호칭이다.

미국의 지원을 등에 업은 고
딘디엠 정권이 '친미'와 '독재'를
마구잡이로 몰아붙이면서 민심
이 이반할 조짐을 보이자, 고딘디
엠 정권은 해결책으로 토지 재분
배 계획을 들고 나왔다. 그림 11은
1958년에 발행된 남베트남 토지
개혁 선전우표로서, 농부들의 모
습 뒤에 농업 근대화를 상징하

그림 11

는 트랙터를 그려 넣었다. 그렇지만 고딘디엠 정권의 토지개혁은
겉만 번지르르한 정책이었다. 1차 베트남 전쟁 때 베트민 점령지
역을 중심으로 토지개혁이 시행된 덕분에 이미 많은 소작인이 자
신의 토지를 경작하고 있었기 때문이다. 고딘디엠 정권의 토지개
혁은 오히려 이렇게 분배된 토지를 다시 지주에게 몰아주는 '거
꾸로 토지개혁'에 가까웠다.

고딘디엠 정권의 탄압에 강력하게 항거하는 남베트남의 투쟁
은 점점 확산되어 갔다. 특히 농촌 지역에서의 반정부운동은 폭
동이나 반란의 양상을 띠며 전면적인 무장봉기를 앞두고 있었다.
잠시 국가 건설과 경제 부흥에 집중하던 북베트남도 남베트남의
혼란 상황을 마냥 방치할 수만은 없었다.

그림 12의 우표는 국토 통일운동의 일환으로 북베트남에서
1958년에 발행되었다. 하노이와 사이공을 잇는 철도를 재건하기

그림 12

위해 일하는 청년 뒤로 통일된 베트남의 지도가 그려 있다. 이 우
표는 북베트남이 1954년의 제네바협정 조인 이후 '통일'을 소재로
발행한 첫 우표라는 점에 의의가 있다. 자신들의 의지와는 상관
없이 제네바협정으로 남북 분단을 맞은 북베트남에게 있어 통일
은 절대적 과제였다. 그러나 전후 수습과 부흥, 국가 건설에 필요
한 지원을 얻으려고 소련과 중국의 암묵적 요청에 따라 '국토 통
일'의 과제는 잠시 뒤로 미뤄야 했다. 그렇지만 남베트남의 반정부
투쟁이 거세지면서 북베트남에서도 정부의 방관적 자세를 비난
하는 한편 남부의 투쟁에 대한 조직적 지원이 필요하다는 의견이
점점 더 커졌다. 위 우표는 그런 흐름 속에서 발행되었을 것이다.

그렇다고 북베트남이 남베트남 문제에 직접 개입할 수는 없었
다. 소련과 중국의 반대도 만만치 않았지만, 무엇보다 미국이 본
격적으로 개입하는 사태만은 피해야 한다는 판단이 결정적이었
다. 그 결과 어디까지나 제네바협정을 벗어나지 않는 선에서 측면
지원을 하되, 남베트남의 해방은 남베트남 인민 스스로 이루어야

그림 13   그림 14

한다는 주장을 펼쳤다.

그림 13의 우표에 당시 북베트남의 주장이 잘 나타나 있다. 1958년 9월, '남베트남 인민의 저항운동'이라는 제목으로 발행된 것으로 프랑스 식민주의에 반대하며 독립운동에 나섰던 보티사우를 소재로 삼고 있다. 보티사우는 1950년에 관리 한 명이 사망하고 20여 명의 프랑스군 병사가 부상당한 덧더 폭탄 테러를 일으켜 체포된 뒤 1952년 1월, 17세의 젊은 나이에 사형당하며 베트남 독립운동의 상징이 되었다. 이처럼 독립운동의 상징인 소녀를 우표에 등장시킴으로써 북베트남은 고딘디엠 정권에 대한 저항운동을 응원함과 동시에 그 저항운동의 주체는 당연히 남베트남 인민이어야 한다는 자신들의 주장을 강조했다.

남베트남의 상황은 점차 악화되어 갔다. 1958년 12월 1일에는 당시 고딘디엠 정권이 반정부 세력들을 강제로 가두던 포로수용소에서 1천여 명의 수용자가 독살당한 사건이 일어났다. 북베트남은 포로수용소 대학살을 강하게 비난하며 그림 14처럼 대학살을 추모하고 기록하는 의미의 우표를 발행했다. 국가 미디어인 우표를 통해 본격적으로 고딘디엠 정권을 공격하기 시작한 것이다.

★ 조국을 위해 희생하는 일은 모든 국민의 의무다

1959년, 북베트남의 호치민 정권은 제15회 노동당 중앙위원회를 열고 '남베트남에서의 무장투쟁 발동'을 결의한다. 이 결의가 나자 기다렸다는 듯 남베트남 각지에서 대규모 반정부 무장봉기가 발생했다. 예상을 뛰어넘는 빠른 속도로 저항의 불길이 타오르는 가운데 1960년 12월, 남베트남에서 반정부운동을 벌이던 세력들이 모여 '민족해방전선' 이른바 베트콩Vietcong을 결성하고 전면적인 무장투쟁에 나섰다.

고딘디엠 정권이 위기에 몰리자 미국의 케네디 정권은 1961년 5월 11일, 특수부대원 400명과 군사고문단 100명을 베트남에 파견한다. 은밀하게 특수부대를 침투시킴으로써 '특수전쟁'의 문을 연 것이다. 그러나 물리력의 약세에도 불구하고 민족해방전선이 승리를 거듭하자 미국 역시 조금씩 군사 개입의 강도를 높여 갔다. 1961년 말에 군사고문단의 숫자가 3천 명으로 늘더니, 1년 후인 1962년 말에는 그 규모가 1만 명을 넘어설 정도였다.

이때만 해도 북베트남은 미국과의 전면전을 상정하지 않았다. 미국의 군사 개입을 가능한 특수전쟁의 범위 내에서 막아내고,

남베트남 인민 스스로 고딘디엠 정권을 몰아내 사이공에 중립적인 성격의 정부를 수립하는 것이 그들의 목표였다.

미국은 이러한 북베트남의 속내를 오판했다. 그저 고딘디엠 정권을 향한 반정부운동 뒤에 북베트남을 비롯해 소련과 중국이 자리 잡고 있다는 사실, 그리고 이를 통해 인도차이나에 공산주의가 확산될 것이라는 사실에만 초점을 맞추고 있었다. 따라서 남베트남에 공산주의가 뿌리내리지 못하게 특수전쟁을 진행하는 한편, 이 모든 사태의 원인을 고딘디엠 정권의 독재로 보고 사회 안정을 회복하고자 '민주화'를 요구했다.

그러나 '미국의 괴뢰정부'라는 민족해방전선의 비난과 조롱에 예민해진 고딘디엠 정권은 미국의 민주화 요구를 무시한 채 오히려 독재체제를 더욱 강화했다. 그림 15는 1962년 4월에 메콩강 삼각주에 위치한 벤째에서 사이공으로 보낸 편지봉투다. '조국을 위해 희생하는 일은 모든 국민의 의무다NO LUC HY SINH DE BAO VE QUOC GIA LA NHIEM VU CUA TOAN DAN'라는 표어가 찍혀 있다. 반성은커녕 오히려 국민에게 무조건 협력과 헌신을 강요했음을 보여준다.

1963년 5월, 독재와 불교 탄압에 반대하며 승려들과 불교 신자들이 베트남 중부의 고도 훼에서 대규모 반정부 시위를 일으켰다. 그 과정에서 6월 8일, 불교 지도자이자 고승인 틱꽝득이 사이공의 미국 대사관 앞에서 자신의 몸을 태워 소신공양하는 사건이 일어난다. 이 사건은 대부분 불교 신자였던 남베트남 인민들에게 커다란 충격을 주었고, 곧이어 반정부운동의 불길이 사이공을 넘어 전

그림 15

국으로 퍼져 나갔다. 이에 고딘디엠 정권은 '스님의 바비큐 쇼'라고 조롱하며 군대를 동원해 시위대를 잔혹하게 학살했다.

　한편 거세게 타오르는 불길 속에서도 의젓한 모습으로 죽음을 맞이하는 틱꽝득의 소신공양은 베트남만이 아니라 전 세계에도 충격이었다. 국제사회는 고딘디엠 정권을 강도 높게 비난하며 압박했다. 국내외로 수세에 몰린 고딘디엠 정권의 붕괴는 이제 초읽기에 들어갔다. 그 흐름 위에서 북베트남은 정권 붕괴 후 남베트남에서의 주도권을 확보할 목적으로 민족해방전선의 후견인으로서 자신들의 입장을 강조하기 시작했다.

　그림 16은 1963년 7월 20일 '베트남의 날'에 발행된 우표로, 북

그림 16

그림 17

의 호치민과 남의 응웬반티에우가 서로 얼싸안고 있다. 응웬반티
에우는 남베트남의 군인 정치가로 고딘디엠 정권 타도 쿠데타에
참가했던 인물후에 응웬까오끼가 이끄는 군사정권의 국가원수를 지내다 1967년 남베트남
대통령으로 선출이다. 북베트남의 수장과 고딘디엠 정권 타도에 앞장서
는 응웬반티에우의 만남을 통해, 남베트남의 민족해방전선을 꾸
준히 지원해왔다는 사실을 선전하려 한 것으로 보인다.

　그림 17은 고딘디엠 정권 붕괴 직전인 1963년 10월 23일에 북
베트남에서 발행된 '남베트남 인민과의 단결을 위한 국제노동조
합연맹 하노이대회' 기념우표다. 남베트남을 묶은 쇠사슬을 내리
쳐 끊는 커다란 주먹이 그려 있는데, 쇠사슬은 당연히 고딘디엠
정권을 가리킨다. 비난의 화살을 후견인 미국이 아닌 고딘디엠 정
권에 날린 것이다. 북베트남이 아직 미국과의 전면전을 염두에 두

그림 18

지 않았다는 사실을 이 우표에서도 확인할 수 있다.

결국 미국은 고딘디엠 정권을 완전히 포기하고 새로운 친미 정권을 세우기로 결정한다. 1963년 11월 1일, CIA의 협력을 받아 즈엉반민을 중심으로 군부가 쿠데타를 일으키고, 고딘디엠을 체포해 사살했다. 9년 넘게 지속한 독재정권이 막을 내리는 순간이었다. 후에 남베트남 정부는 이 군사 쿠데타를 '11.1혁명'이라고 칭하고, 1964년에 혁명 1주년을 맞이해 기념우표를 발행한다. 그림 18은 당시 발행된 우표 3종 세트로 그중 2개 우표에 해방을 상징하는 끊어진 쇠사슬을 담았다. 민족해방전선뿐만 아니라 남베트남 주민 전체가 고딘디엠 정권을 '억압'으로 받아들인 것이다.

그림 19

그림 20

　미국은 고딘디엠 정권 붕괴 후 남베트남에 친미 정권이 순탄하게 자리 잡을 것으로 기대했다. 그러나 즈엉반민 정권은 고딘디엠 정권과 맞먹는 독재정치를 벌였고, 이후 1964년부터 1967년까지 열 번이 넘는 군사 쿠데타가 잇따라 일어나며 혼란을 거듭했다. 반대로 민족해방전선은 점점 세력을 넓혀나간 끝에 남베트남의 2/3를 장악하고 어엿한 '정부'로 성장했다. 자신들이 장악한 지역인 '해방구'에서 토지개혁을 단행했으며, 우표를 발행해 대내외에 자신들의 존재를 알리기까지 했다.

　행정권력으로서 민족해방전선이 발행한 첫 우표는 1963년 12월 20일에 발행된 민족해방전선 3주년 기념우표다. 10수프랑스의 옛 화폐 단위로 현재는 쓰지 않음 2종, 20수 3종 등 총 5종으로, 10수짜리 우표에는 민족해방전선의 전투 장면이 소재로 활용되었다. 그중 하나가 '전략촌'을 공격하는 모습이 담긴 그림 19의 우표다.

　전략촌은 고딘디엠 정권이 농촌에서 일어난 투쟁을 강경 진압하고 민족해방전선과의 접촉을 막으려고 농민들을 강제로 수용한 일종의 집단수용소였다. 1963년 무렵, 남베트남 전역에 8천6백여 개의 전략촌이 세워졌고 100만 명이 넘는 농민들이 감금생활을 했다. 농촌의 반정부투쟁을 무력화하겠다는 의도였지만 성과는 미미했다. 오히려 자기 마을에서 끌려 나와 강제로 수용되었다는 사실에 반발만 더 커졌을 뿐이다. 때문에 민족해방전선이 집중적으로 전략촌을 공격하자 농민들로부터 열렬한 환영을 받았다. 그림 19의 우표는 이러한 상황을 직접적으로 반영해 만들어졌다.

그림 20은 1963년 1월에 펼쳐진 업박 전투가 소재로 사용된 우표다. 업박 전투는 불과 200명 남짓의 민족해방전선군이 미군의 대대적인 지원을 받은 남베트남군과 치열한 교전을 벌인 끝에 대승을 거둔 전투로, 미국이 베트남에서의 전면전을 결단하는 데 결정적 영향을 끼쳤다. 여기서 주목해야 할 점은 민족해방전선의 병사가 총으로 격추하려는 게 미군의 헬리콥터라는 사실이다. 북베트남은 1963년까지만 해도 우표를 통해 직접적으로 미국을 비난하지 않았다. 어디까지나 남베트남 정권과 민족해방전선 간의 싸움이라는 게 북베트남의 공식 입장이었다. 그러나 사실 남베트남에서 민족해방전선이 싸우는 진짜 상대는 '미군'이었다. 게다가 그들은 이미 미국과의 전면전이 시작됐다고 생각했다. 때문에 북베트남 정권이 조심하는 외교적 제스처를 취한 반면, 민족해방전선은 우표를 통해 '적국' 미국을 비난하고 자신들의 승리를 화려하게 선전했다.

그림 21

그림 22

그림 23

그림 21의 3종 우표는 전투 장면이 아닌 민족해방전선의 국기와 '독립·민주·평화·중립'이라는 슬로건을 소재로 활용하고 있다. 3종 모두 동일한 디자인으로 '독립·민주·평화·중립'을 베트남어 외에 각각 영어, 프랑스어, 스페인어로 적어 놓았다. 민족해방전선은 자신들의 슬로건을 세계의 주요 언어로 표기함으로써 우표를 대외 홍보수단으로 적극 활용했다.

이처럼 민족해방전선은 독자적으로 우표를 발행하고 우편 서비스를 제공할 정도로 준*국가의 꼴을 갖추어 나갔다. 이들은 1963년의 민족해방전선 3주년 기념우표를 시작으로 1969년까지 1년에 한 번꼴로 전쟁 구호와 체제 선전의 색채를 띤 기념우표를 발행했다. 대부분이 '미국 제국주의'를 비난하고 민족해방전선의 승리를 기념하는 내용이었지만, 때로는 그림 22의 우표처럼 미군의 패배를 소재로 활용하기도 했다.

한편 남베트남의 정세 변화에 따라 북베트남 정권 역시 1963년 12월에 열린 노동당 중앙위원회에서 "장기전 돌입에 대비하는 한편 유리한 기회를 잡아 역량을 집중하여 수년 안에 위대한 승리를 결정한다"는 방침을 세우고, 본격적으로 민족해방전선 지원을 선언했다. 그림 23은 북베트남이 1963년 12월 20일에 발행한 '남베트남 민족해방전선 3주년' 기념우표다. 기존에도 민족해방전선의 활약상을 담은 우표를 몇 종 발행한 적은 있으나, 공식적으로 민족해방전선이라는 이름으로 발행한 것은 처음이었다.

★ 통킹만 자작극과 미국전쟁

1963년 11월에 케네디 대통령이 암살당하자 부통령이었던 린든 존슨이 미국의 대통령직을 계승한다. 이듬해인 1964년, 대통령 선거를 앞두고 존슨 정권은 한층 더 베트남 개입을 노골화한다. 베트남 문제에 소극적이라는 국내 여론을 잠재우고, 재선에서 승리하기 위해서였다.

때마침 1964년 8월 2일에 북베트남 통킹만에서 미군 구축함이 공격받는 사건이 일어났다. 미국은 즉각 북베트남의 경비정이 통상적인 작전을 수행 중이던 매독스호를 기습 공격했다고 발표하고, 공군을 출격시켜 북베트남 전함을 비롯해 해군기지와 연료저장소를 파괴했다. 이른바 '통킹만 사건'으로 7년 후인 1971년에 〈뉴욕타임스〉가 미국 국방부의 비밀 보고서인 '펜타곤 페이퍼'를 입수해 모든 사태가 군부의 조작이었음을 폭로했다.

그러나 1964년 당시는 아직 진실이 규명되지 않은 때였다. 전쟁의 구실을 찾던 존슨 정권은 통킹만 사건을 빌미로 북베트남에 대규모 폭격을 가하고 전투부대를 상륙시켰다. 유엔 안보리에 북베트남의 불법 공격 행위를 제기하고, 미국 의회로부터 '대통령의 전쟁 수행에 필요하다고 생각하는 모든 조처를 할 권리'를 부여받자마자였다. 이렇게 본격적으로 2차 베트남전쟁의 막이 오른다.

아무런 선전포고 없이 시작된 미국의 대규모 공격은 북베트남과 민족해방전선에 새로운 국면을 열어 주었다. 특히 그동안 미국

그림 24

그림 25

과의 전면전을 염두에 두지 않았던 북베트남은 미국을 적으로 간
주하고, 대대적인 항쟁에 돌입했다. 이때부터 북베트남에서 발행
하는 우표에도 '반미'가 등장하기 시작한다.

그림 24는 북베트남이 미국을 직접적으로 비난한 최초의 우표
로 1964년 11월에 '베트남 인민의 단결을 위한 세계회의'라는 이
름으로 발행되었다. 세계 인민이 'USA'가 새겨진 폭탄 위에 손을
올린 모습을 그려 넣어, 미국이 베트남에 가한 폭격에 대해 자신
들뿐 아니라 국제사회가 함께 분노하고 있음을 표현했다.

반미를 매개로 한 세계 각국 인민과의 연대는 그림 25의 반둥
회의아시아·아프리카회의의 10주년 기념우표에서도 엿볼 수 있다. 1965년
5월에 발행된 것으로 아시아와 아프리카 지도를 배경으로 머리와
몸에 각각 'USA'와 미국 달러 기호가 새겨진 뱀을 움켜잡은 두

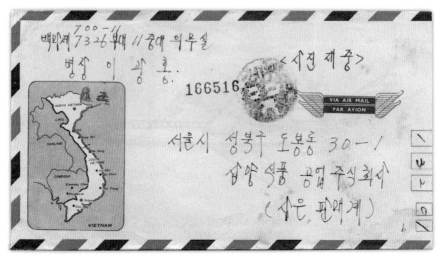

그림 26

손이 보인다. 여기서 뱀은 '미국 제국주의'를, 피부색이 다른 두 손은 아시아와 아프리카를 상징한다.

1964년 8월의 통킹만 사건 이후 미국이 베트남에서 전면전을 시작하자, 같은 해 9월에 남한이 남베트남과 파병협정을 맺고 참 전을 결정했다. 1964년 9월 1차로 의무요원과 태권도 교관을 파 견한 데 이어 1965년 1월 비전투원으로 구성된 군사원조단인 비 둘기부대를 파견하였다. 남한으로서는 건국 이후 최초의 해외파 병이었다.

당시 미국은 남한뿐 아니라 총 25개의 동맹국에 파병을 요청 했다. 그러나 실제 병력을 파견한 국가는 남한 이외에 호주, 뉴질 랜드, 필리핀 정도였다. 그것도 남한을 제외하면 소수 병력에 그 쳤다. 사실 남한 내에서도 베트남 파병을 반대하는 의견이 적지

그림 27

않았다. 그러나 박정희 정권은 "자유를 사랑하는 국가로 국제적
입지를 강화하고, 한국전쟁 당시 우방의 파병에 보답한다"는 명분
을 내세우며 파병을 단행했다. 남한은 1973년에 완전 철수할 때
까지 총 40만여 명을 파병해 미군에 이어 두 번째로 많은 병력을
투입한 국가가 되었다.

　그림 26은 베트남전쟁에 참전한 한국군 병사가 보낸 우편물의
봉투다. 군사우편이기 때문에 우표는 없으며, 봉투에 북위 17도
선의 군사경계선이 희미하게 표시된 베트남 지도가 인쇄돼 있다.
남과 북 베트남에 각각 수도 표시가 명확하게 되어 있는 것으로
보아 한반도처럼 분단이 고착화된 상황에서 두 개의 국가가 전쟁
을 벌인다고 인식했음을 알 수 있다.

　이에 비해 북한은 하나의 국가로 통일된 베트남 지도를 그려
넣은 그림 27의 우표를 발행했다. 북베트남과 마찬가지로 국토의
반을 미국 제국주의와 그 괴뢰정부에 점령당했다고 여겼기 때문
에 분단을 강조하기보다 전 국토를 하나의 나라로 표시한 것이다.

그림 28

북한은 남한의 남베트남 지원을 괴뢰정부끼리의 반혁명 동맹이라고 비난하고, 자신들처럼 남쪽을 해방시켜 조국통일을 완수하려는 목표를 가진 북베트남을 지원했다.

그림 28은 북한이 1964년 12월 '남베트남 인민의 투쟁 지지'라는 이름으로 발행한 우표다. 북베트남이 미국의 지원을 받은 남베트남 정부를 타도하고 통일을 이룩할 수 있도록 호소하고 있다.

북한은 1965년 5월 열린 제3기 최고인민회의 제4차 회의에서 '미국 제국주의의 침략에 반대하는 베트남 인민을 지원하는 문제'를 논의하고, 1966년 1월 북베트남과 무상원조 기본협정을 체결했다. 같은 해 7월 북한의 최고 지도자 김일성은 호치민에게 "최종 승리를 달성할 때까지 베트남 인민에게 지원군을 포함한 모든 형태의 지원을 보다 적극적으로 행하기 위한 만반의 준비를 갖추었다"는 내용의 전문까지 보냈다.

한편 1966년 중국에서 일어난 문화대혁명의 영향으로 김일성이 수정주의자로 비난받자, 북한은 '정치·외교에서의 자주노선'을

그림 29

선언하고 제3세계를 중심으로 '반미 연대'를 주장하기 시작했다. 이때부터 그림 29처럼 '반미의 상징'으로 베트남이 북한 우표에 자주 등장한다.

베트남에 대한 지지와 지원은 북한만이 아니라 좀더 광범위하게 일어났다. 2차 베트남전쟁이 시작되기 전부터, 전 세계는 긴장된 표정으로 인도차이나를 지켜봤다. 공산주의와 자본주의, 민족해방과 제국주의가 치열한 대립각을 세우고 있어, 또 다른 세계전쟁으로 비화할 가능성이 있었기 때문이다. 특히 중국과 소련을 비롯한 공산주의 진영은 '자유세계의 경찰'을 자처하는 미국에 맞선 베트남을 '반미와 반제의 상징'으로 삼아 우표 발행에도 반영했다.

북베트남과 민족해방전선에 큰 영향력을 행사하고 있던 중국은 고딘디엠 정권 붕괴 후인 1963년 12월에 그림 30의 '남베트남 해방투쟁 지지' 선전우표들을 발행한 데 이어, 1965년 9월에도 그림 31처럼 '베트남 인민의 항미애국투쟁 지지' 선전우표를 시리즈로 발행했다. 모두 민족해방전선과 북베트남을 옹호하며, 베트남을 '반미와 반제의 상징'으로 다루고 있다.

소련과 동유럽을 포함해 사회주의권의 다른 나라들도 민족해

그림 30

그림 31

그림 32

그림 33

그림 34

방전선과 북베트남을 지지하는 우표를 발행했다. 뿐만 아니라 북
베트남의 우표를 직접 제작하는 방식으로 도움을 주기도 했다. 그
림 32부터 34까지의 우표들은 진귀한 사례다. 모두 북베트남이
발행한 반미 우표로 기본 도안은 베트남인이 직접 그렸다. 그런데
1967년 12월에 발행된 그림 32의 우표는 소련에서, 1968년 12월
에 발행된 그림 33의 우표는 쿠바에서, 1969년 2월 발행된 그림 34
의 우표는 헝가리에서 각각 인쇄되었다. 때문에 색감 등 나라마다
인쇄 특색이 반영되어 서로 다른 분위기를 풍기는 점이 흥미롭다.
어쨌든 이 우표들을 통해 당시 공산주의 진영이 '베트남'이라는
공동의 주제 아래 한데 묶여 유대감을 느꼈음을 알 수 있다.

그림 35

★ 테트 공세와 러셀법정, 전쟁에 대해 묻는다

미국이 북베트남과 전면전을 단행하면서까지 지키려 했던 남
베트남 정부는 여전히 혼란 속에 빠진 채 전투에서 패배를 거듭
했다. 그림 35는 1965년 4월 남베트남 메콩 델타 지역의 사덱에
서 중부의 훼로 보낸 편지봉투의 뒷면으로 '남베트남에서 민족해
방전선이 철수해야 비로소 평화가 찾아온다CHI CO HOA BINH KHI VIET CONG
RUT KHOI MIEN NAM'는 슬로건이 찍혀 있다. 1965년이면 미국의 대규모
폭격이 한창이던 때로, 그럼에도 민족해방전선이 끄떡없이 남베
트남에서 항쟁을 계속하고 있었다는 사실을 나타낸다.

그림 36

그림 37

나날이 힘을 키워가는 민족해방전선에 비해 미국은 점점 수렁으로 빠져 들어갔다. 자신의 국력을 모두 베트남에 쏟아 부었지만 허사였다. 베트남 전역에 투하된 폭탄은 이미 2차 세계대전 때의 총량을 초과한 지 오래였고, 1965년 말 19만 명에 이르던 병력은 1966년 말에는 38만 5천 명으로, 다시 1967년 말에는 48만 6천 명으로 늘어나 있었다. 당연히 피해 규모 또한 커졌다. 1966년 1년 동안에만 전사자가 5천 8명에 달했고, 1965년부터 1966년까지 2년간 헬리콥터 600기 이상, 항공기도 1,700기 이상 격추되거나 파괴되었다.

이러한 전황의 흐름에 맞추어 북베트남은 '격추되는 미군기'를 우표의 소재로 적극 활용하기 시작했다. 그림 36은 미군기가 격추되는 모습이 처음 등장한 우표로 1965년 6월 2일에 발행된 '세계

그림 38 1966년 4월 29일 미군기
1,000기 격추 기념우표

그림 39 1966년 10월 14일
미군기 1,500기 격추 기념우표

그림 40 1967년 6월 5일
미군기 2,000기 격추 기념우표

그림 41 1967년 11월 6일 미군기 2,500기 격추 기념우표

그림 42 1968년 6월
25일 미군기 3,000기
격추 기념우표

노동연합 하노이회의' 기념우표다. 총 3종으로 구성된 이 우표는 모두 불을 뿜으며 떨어지는 미군기가 들어가 있다. 그러나 이때까지 주연은 민족해방전선의 투쟁이고, 미군기는 배경에 작게 자리잡은 조연에 불과했다.

그러다 같은 해 8월 30일에 격추되는 미군기를 주연으로 등장시킨 '미군기 500기 격추' 기념우표가 처음 발행되었다. 그림 37의 우표에는 F-105 선더치프가 북베트남군에게 격추당해 땅으로 떨어지는 모습이 크게 그려 있다. 이때부터 1968년 11월, 미국의 존슨 정권이 공중폭격을 그만둘 때까지, 그림 38~42처럼 북베트남은 기념일을 챙기듯 격추한 미군기 수를 표시한 기념우표를 차례차례 발행한다.

이처럼 대량의 미군기를 격추했다는 것은 그만큼 많은 조종사를 포로로 삼았다는 뜻이다. 동시에 미군의 첨단무기인 전투기가 민족해방전선과 북베트남군을 전혀 제압하지 못했다는 사실도 말해준다. 북베트남은 미군기 격추 기념우표를 통해 막강한 군사력에도 미군이 잇따라 패배하는 상황을 대내외에 적극적으로 알리고자 했다.

북베트남은 미군기 격추 기념우표와 더불어 대규모 전투에서 승리하면 미군 병기나 포로병을 소재로 한 기념우표를 발행하기도 했다. 그림 43은 1966년 6월 발행한 북위 17도선 군사경계선 부근의 콘코섬을 미군의 폭격으로부터 지켜낸 경비대 기념우표, 그림 44는 1966년 10월 발행한 건기 공세 선전우표, 그림 45는

그림 43

그림 44

1968년 3월 발행한 대승리 선전우표, 그림 46은 1969년 7월 발행한 테트 공세 선전우표 등이다. 그중 1968년 3월의 대승리 선전우표는 총 8종의 시리즈로 발행돼 북베트남의 다양한 전투 장면을 담고 있다.

특히 테트 공세는 민족해방전선과 북베트남군이 1968년 1월 30일, 우리나라의 음력설에 해당하는 베트남 최대의 명절인 테트를 전후해 미군과 한국군 기지 등 남베트남 전역의 주요 군사 요충지 100여 곳을 대규모로 기습 공격한 전투다. 6만 명 이상의 병사가 투입되어 대대적인 공세를 벌인 끝에 일시적이나마 사이공의 대통령궁과 미국 대사관 등 주요 시설까지 점거했다. 바로 남베트남군과 미군이 반격에 나서 대부분 진압했으나, 수도 사이공

그림 45

그림 46

과 과거 베트남 왕조의 수도였던 훼에선 한 달 넘게 교전이 이어졌다.

군사적으로만 본다면 테트 공세는 사실상 북베트남과 민족해방전선이 실패한 작전이었다. 주요 공격 대상을 확보하기는 커녕 공세에 참가한 병력 중 절반 이상이 전사하는 등 민족해방전선이 와해될 정도의 큰 손해를 입었다. 그러나 무모하기 짝이 없는 기습작전은 전 세계에 북베트남과 민족해방전선의 군사력이 예상보다 강하다는 인상을 심어주기에 충분했고, 치열한 전투와 베트남 현지의 민간인 피해 등 끔찍한 현장 모습이 TV 카메라를 통해 생생하게 전달되며 미국과 전 세계에 반전 여론을 확산시켰다. 그렇게 테트 공세는 베트남전쟁의 분수령이 되었다.

테트 공세 이후 전 세계적으로 베트남에서 미군 철수를 요구하는 반전 여론이 고조되었다. 특히 미국의 반전운동은 더욱 광범위하게 번져 갔고, 곳곳에서 시위대와 경찰이 충돌했다. 미국 내 베트남 반전운동은 1964년, 베트남에 폭격을 가하던 때부터 이미 시작된 상태였다.

1965년 11월 2일에는 노먼 모리슨이라는 한 퀘이커 교도가 미 국방부 밖에서 남베트남 불교 지도자 틱꽝득의 소신공양에 동조하여 분신자살하기도 했다. 노먼 모리슨의 분신자살은 당시 미국뿐 아니라 전 세계에 충격을 주었다. 북베트남 정부는 그의 죽음을 기념해 그해 11월 22일 그림 47의 기념우표를 발행하기까지 했다. 다양한 반전 구호가 적힌 피켓을 든 미국 시민 위로 노먼 모

그림 47

리슨의 초상을 배치했다. 미국 정부는 이 우표의 미국 내 반입을 법으로 금지하는 등 베트남 반전운동 확산에 신경을 곤두세웠다.

그러나 1960년대 초 거센 바람을 일으킨 흑인 민권운동과 맞물리면서 반전운동의 불길은 걷잡을 수 없을 만큼 타올랐다. 미국 내에서 사회복지에 쓰여야 할 예산이 베트남전쟁 군비로 흘러들어 가는 데다, 전쟁에서 사망한 흑인의 비율이 백인에 비해 압도적으로 높았기 때문이다. 또한 진보적이고 양심적인 대학생들이 반전 시위를 이어갔고, 징병을 거부하는 이들도 속출했다. 전쟁 중단을 촉구하는 미국 내 반전 여론은 남북전쟁 이후 미국 사회를 분열시킨 가장 강력한 대립과 저항이었다.

또한 약자인 북베트남을 세계 최강의 군사력으로 비틀어 제압하려는 미군의 잔혹한 전쟁 방식이 TV를 통해 전 세계인들에게 보도되면서 미국은 국제사회에서 고립되어 갔다. 1967년, 영국의 철학자 버트런드 러셀은 스웨덴의 스톡홀름에서 '베트남전쟁 국제법정', 일명 '러셀법정'을 열었다. 여기서 러셀은 미국이 베트남에서 저지른 전쟁범죄를 국제법에 따라 심판해 세계인의 관심을 불러일으켰다. 그림 48은 북베트남이 러셀법정을 소재로 1969년 11월에 발행한 우표로, 국제사회로부터 비난받는 미국의 모습을 통해 자신들의 정당성을 주장하고 있다.

그림 48

이미 미국 정부는 1968년 3월, 노인과 아이들을 포함해 한 마을의 주민 300여 명을 무차별 살해한 미라이 대학살을 계기로 신뢰는커녕 어떠한 국민적 지지도 받지 못하고 있었다. 여론조사에서 베트남 파병이 잘못되었다는 의견이 50%를 넘어선 지 오래였다.

결국 1968년 3월 21일 존슨 대통령은 북베트남 폭격 축소를 조건으로 평화협상을 제안했다. 동시에 자신의 진심을 표시하기 위해 차기 대통령 선거에 불출마를 선언했다. 그해 5월 13일, 미국과 북베트남 대표가 프랑스 파리에서 평화협상을 시작하고 베트남전쟁 종결에 대해 논의했다. 그러나 의견의 일치를 보지 못한 채 협상이 결렬되자, 10월 31일 존슨 대통령은 북베트남에 대한 폭격을 완전 중지하겠다고 선언한다.

★ 미군기 '4,181' 격추 vs 다음 세대를 위해서

1969년 1월, 베트남전쟁의 조기해결을 공약으로 내건 닉슨 정권이 출범한다. 이어 미국과 북베트남 대표 외에 남베트남과 민족해방전선 대표가 참여한 4자간 확대 평화회담을 열고, 미군 철수를 발표했다. 그 사이 민족해방전선은 1969년 6월 민족평화연합, 민족민주연합전선 등 여러 단체와 협력해서 남베트남공화국 임시혁명정부를 수립했다.

그림 49는 남베트남공화국 임시혁명정부가 발행한 우표로, 혁명정부는 1970년부터 1976년까지 70종류의 우표를 발행했다.

닉슨 정권이 10여 년간 고집해온 베트남전쟁을 포기한 데에는 국내의 반전운동과 더불어 당시 국제정세가 적지 않은 영향을 미쳤다. 바로 중국과 소련의 대립이었다. 제2차 세계대전 종전 후 이념적 동지로 밀월관계를 유지하던 중국과 소련은 1950년대 말부터 사회주의의 맹주 자리를 둘러싸고 이념과 노선투쟁 및 외교 갈등을 벌이기 시작했다. 그러던 와중 1969년 3월 우수리강의 영유권을 둘러싸고 중국의 전바오섬, 러시아명 다만스키섬에서 무력 충돌하기에 이르렀다. 이는 '도미노 이론'을 내세우며 '모스크바-북경-베트남'의 연결고리

그림 49

그림 50

그림 51

그림 52

를 끊으려고 베트남 파병을 결정한 미국의 명분을 뿌리부터 뒤흔들었다.

1969년 7월, 닉슨 대통령은 괌에서 새로운 대아시아 전략인 이른바 '닉슨 독트린'을 발표한다. "미국은 가능한 아시아에서 일어나는 분쟁에 군사 개입을 자제하고, 아시아의 방위는 아시안인의 힘으로 해결한다"는 것이 주 내용이었다. 1947년 트루먼 독트린 이래, 자유민주주의를 공산주의로부터 보호하는 '세계의 경찰관'에서 한 걸음 물러선다는 뜻이었다. 이후 닉슨 대통령은 데탕트라 불리는 평화공존을 추구하며, 1972년에 중국과 소련을 방문하기도 했다.

한편 평화협정이 진행되는 중에도, 남베트남과 북베트남의 전투는 멈추지 않았다. 보다 유리한 조건에서 휴전협정을 맺기 위해서였다. 1972년, 북베트남은 다시 대공세를 펼쳐 베트남 중부 꽝찌에 이어 훼까지 점령했다. 그러자 미군은 B-52 전략폭격기로 폭격을 재개하면서 어떻게든 남베트남 정권을 유지하려 했다.

그림 50과 그림 51은 미군이 폭격을 다시 시작한 뒤인 1972년 6월 20일과 10월 19일에 북베트남이 발행한 우표다. 각기 '미군기 3,500기 격추 기념' '미군기 4,000기 격추 기념' 이름이 붙은 것으로 보아, 역으로 당시 베트남에 폭격이 얼마나 가해졌는지 짐작할 수 있다.

마침내 1973년 1월 27일, 미국과 남베트남, 북베트남, 남베트남 임시혁명정부의 4자간 파리평화협정이 맺어졌다. 그림 52의 파

그림 53

그림 54

리평화협정 2주년 기념우표에 당시 상황이 담겨 있는데, 회의용 원탁과 통일 베트남의 지도가 연결되어 있다. 이어 1973년 3월, 베트남에서 미군의 마지막 부대가 철수했다. 세계 최강의 군사력을 가진 미국이 만신창이가 된 채 베트남에서 물러나는 순간이었다. 북베트남은 1973년 10월 10일에 '미군기 4,181기 격추'를 기념하는 그림 53의 우표를 발행해, 미국과의 전쟁에서 사실상 승리했음을 선언한다.

북베트남은 1974년부터 반미 우표가 아닌 전후 부흥과 통일 국가 건설에 목적을 둔 우표를 잇달아 발행하기 시작했다. 1974년에 발행한 그림 54의 '하노이 해방 20주년 기념우표'도 그중 하나다. 그동안 빈번하게 등장했던 전투나 시위 모습이 아닌, 전쟁 후 도시를 건설하거나 아이를 안은 모습 위에 '다음 세대를 위해서'라는 슬로건이 적혀 있다.

미군이 철수하고 몇 달이 지나자, 민족해방전선이 주축이 된 임시혁명정부와 남베트남 정부 사이에 무력 충돌이 일어난다. 이는 점차 내전으로 번져갔고, 1975년 3월부터 시작된 민족해방전선과 북베트남의 총공세에 남베트남군은 곳곳에서 패하며 밀려났다. 1975년 4월 30일 사이공이 함락되자, 남베트남은 무조건 항복을 선언했다.

그림 55

그렇게 10년 넘게 진행된 2차 베트남전쟁이 막을 내렸다. 그리고 1년여의 준비 끝에 베트남은 1976년 남베트남의 수도였던 사이공을 호치민시로 이름을 바꾸고, 통일국가 '베트남사회주의인민공화국'의 수립을 선포했다.

그림 55는 새로운 베트남, 베트남사회주의인민공화국이 발행한 조국통일 기념우표다. 통일

베트남의 지도를 사회주의를 상징하는 붉은색으로 칠한 후, 북베트남의 수도이자 통일된 베트남사회주의인민공화국의 수도인 하노이 위치에 혁명과 공산당을 뜻하는 별을 그렸다. 바야흐로 북베트남이 주도하는 통일 베트남의 시대가 열렸음을 분명하게 선언한 것이다.

3

동과 서,
어느 쪽도 아닌
독립국가

이란

★ 90%의 이익, 석유 메이저 회사의 횡포

역사책에 많이 나오는 말 중에 '동과 서를 잇는 가교'라는 게 있다. 동양의 중국과 인도 그리고 서양, 즉 유럽 사이를 이어주는 지역 혹은 국가를 부르는 말이다. 주로 지금의 터키, 과거로 따지면 오스만투르크제국과 비잔틴제국을 가리킬 때 쓰곤 한다. 두 거대한 문명 지대 사이에서 완충의 기능을 맡는 한편 문화적 혼융을 바탕으로 새로운 문명의 창조를 이룩한 곳들이다.

그러나 더 오래된 연원을 따지면 이 말은 이란에 돌아가야 한다. 1971년에 건국 2,500주년을 축하한 나라, 바로 페르시아제국이다. 페르시아는 동양과 서양의 사이에서 2,500여 년을 넘게 버티며 때로는 두 지역의 문명과 물자 교류를 돕고, 때로는 두 지역에서 발흥하는 제국들과 겨루며 독자적인 문명을 일궈냈다.

1979년, 이슬람혁명이 일어난 후 혁명정부는 '서쪽도 동쪽도 아닌 이슬람공화국'을 표방하며 이란이슬람공화국 수립을 선포했다. 물론 이때의 동과 서는 자본주의와 사회주의, 두 이념 진영을 가리키는 것이지만 '동과 서를 잇는 가교'로서 오랜 시간 제 역할을 했던 나라의 새로운 출사표로 멋진 반전을 보여준다. 이란이 굳이 '서쪽도 동쪽도 아닌' 나라로 자신을 강조한 것은 중동 지역의 20세기 현대사가 그만큼 복잡하게 전개되었기 때문이다. 그리고 이곳의 역사를 복잡하게 만든 가장 큰 원인 중 하나는 바로 미국이다.

제2차 세계대전 후, 트루먼 독트린을 바탕으로 전 세계에 걸쳐 소련 봉쇄정책을 실시한 미국은 중동 지역의 전략적 파트너로서 이전부터 영국이 실질적으로 영향력을 행사하던 이란을 주목했다. 그러나 1950년대 초에 이란의 국내 정세가 불안정해지면서 미국의 계획에 차질이 생겼다.

발단은 석유 때문이었다. 19세기 말 이래 세계 석유 메이저 회사들은 초기 투자비용과 리스크, 관리 노하우 등을 이유로 산유국에 저가의 비용만 지불한 채 막대한 이득을 독점하고 있었다. 1950년, 미국과 사우디아라비아의 합작사이던 아람코사와 사우디아라비아 정부 사이에 새로운 이익 배분 방식을 정한 이권협정이 맺어졌다. 원유 판매이익의 50%를 소득세로 산유국에 지불하고, 로열티를 포함한 산유국의 수입이 전체 석유 생산이익의

그림 1   그림 2

50%가 되도록 과세한다는 내용이었다. 쉽게 말해 유전 개발에 따르는 이익을 개발기업과 산유국이 각 50%씩 배분하는 혁명적인 시도였다.

　이런 흐름에 맞추어 이란도 자국에서 생산되는 석유 이익의 90%를 독점하던 영국계 앵글로·이란 석유회사에 반발하며 새로운 이익 배분 방식의 도입을 요구했다. 현재 BP아모코의 전신인 앵글로·이란 석유회사는 50:50의 이란 측 제안 대신 75:25를 제안했다. 여전히 산유국을 무시하는 앵글로·이란 석유회사의 주장은 이란 내부에서 급진주의자들이 약진하는 계기가 됐다. 석유 국유화론을 주장하는 세력들이 권력의 핵심으로 올라선 것이다.

　1951년, 총리에 취임한 민족주의 정당의 지도자 모하마드 모사데그는 국왕 모하마드 레자 샤 팔레비이하 팔레비 국왕의 반대를 무롭쓰고, 앵글로·이란 석유회사를 국유화하는 석유 국유화법을 시행했다. 그림 1은 모사데그의 초상이 그려진 우표로 모사데그는 1979년의 이슬람혁명 후 민족 영웅으로 칭송되며 우표에 자주 등장했다.

한편 한국전쟁으로 인해 석유 수요가 큰 폭으로 증가한 미국은 반영·반서구를 주창하는 민족주의 정권이 석유 국유화를 단행한 데에 강한 위기감을 느끼고, 압력을 가할 목적으로 세계시장에서 이란산 석유의 불매운동을 전개했다. 궁지에 몰린 모사데그 정권은 미국에 대항하는 방안으로 소련과 접촉을 시도했다.

역사적으로 이란은 19세기 이후 동진정책을 펴는 영국과 부동항을 찾아 남진정책을 펴는 제정 러시아나 소련이 때로 협력하고 때로 대립하는 각축장이었다. 러시아혁명의 혼란이 계속되던 1920년부터 1921년까지 러시아의 지역 공산당 세력이 이란 영토인 카스피해 인근의 기란 지방을 점령하고 친영 성향의 카자르 왕조에 반기를 드는 '페르시안사회주의소비에트공화국'을 수립했다.

그림 2는 페르시안사회주의소비에트공화국이 스스로 이란 중앙정부로부터 독립했다는 사실을 대내외에 알리려고 독자적으로 발행한 우표다. 붉은 깃발을 든 이란인의 모습 아래 '이란혁명 우편행정'의 문자가 적혀 있다. 그러나 반영 친소련을 표방했던 페르시안사회주의소비에트공화국은 소련으로부터 아무런 지원도 받지 못한 채 방치되다가 단기간에 사라지고 만다. 당시 소련공산당의 지도자인 레닌은 페르시안사회주의소비에트공화국이 페

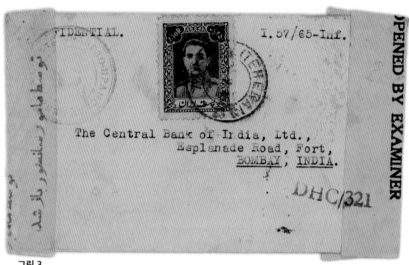

그림 3

르시아 전체에 대한 혁명의 출발점이 되기는커녕 오히려 페르시
아가 급속히 영국으로 넘어가 결국 소련의 이익을 방해할 것으로
생각했다. 레닌과 소련공산당이 택한 것은 이념이 아니라 국익이
었다.

또한 제2차 세계대전 중인 1941년에는 전쟁 발발 이후 연합
국의 전략상 요충지로 이란이 부각되면서 친독일 성향을 지닌 레
자 샤 팔레비 국왕이 연합국의 압력을 받아 퇴위하기도 했다. 이
어 영국과 소련 양국의 관리하에 레자 샤 팔레비의 아들인 모하
마드 레자 샤 팔레비가 국왕으로 즉위했다. 그림 3의 편지봉투에
당시 상황이 자세히 담겨 있다. 전쟁 말기인 1945년 1월, 이란의
수도인 테헤란에서 인도의 봄베이현재의 뭄바이로 보낸 편지다. 봉투
에 붙은 우표는 팔레비 국왕이 즉위 후 최초로 발행한 우표 시리

즈 중 하나다. 전시 우편물이다 보니 발신국 이란과 수신국 인도 양쪽에서 검열을 받았는데, 주목할 점은 봉투 왼쪽에 남은 이란에서의 검열 흔적이다.

각각 러시아어와 영어로 표기된 소인이 2개 찍혀 있는 것을 보아 이란 국내에서 소련과 영국 두 나라가 각각 검열했음을 알 수 있다. 검열 소인은 양국이 대등한 입장에서 이란을 관리하고 있다는 사실을 주장하는 일종의 영역 표시였다.

★ 친미 정권과 백색혁명, 이슬람에 대한 공격

이러한 역사적 배경 탓에 동서 냉전이 시작되자 이란은 냉전의 최전선에 내던져졌다. 이란을 사이에 두고 서방의 영국과 미국이 한편, 동방의 소련이 한편으로 치열하게 신경전을 벌였다. 그런 와중에 석유 문제를 계기로 모사데그 정권이 소련과 접촉을 시도하는 일이 발생한 것이다. 이 기회를 틈타 소련이 이란 문제에 개입할 것을 우려한 미국은 1953년 8월, CIA 주도로 쿠데타를 감행했다. 모사데그를 추방하고 이란에 친미 정권을 수립한 것이다.

쿠데타로 인한 혼란을 수습하는 와중에 결국 앵글로·이란 석유회사는 해산되고, 대신 미국·영국·프랑스·네덜란드의 이란석유컨소시엄이 세워졌다. 1954년부터 40년에 걸쳐 석유 개발권을 독점하며 컨소시엄의 순이익 50%를 이란 정부에 배분한다는 것

그림 4   그림 5

이 골자였다.

　이란에서의 석유 개발권을 확보한 미국은 이란을 소련 봉쇄
의 거점으로 만들고자 팔레비 국왕을 지원, 조종하며 친미 정권을
강화시켰다. 미국이라는 강력한 비호 세력을 얻은 팔레비 국왕은
1963년에 국정을 개혁하는 '백색혁명'을 단행한다. 백색혁명은 농
지개혁 및 여성참정권 부여를 골자로 하는 근대화·서양화정책과
중앙 집권화가 주된 내용으로 미국의 의중이 충분히 반영되었다.

　동기는 의심스럽지만 백색혁명은 이란 경제에 급격한 성장을
불러왔다. 팔레비 정권은 백색혁명의 성과를 자화자찬하며 1960
년대 후반 이후 많은 우표를 발행해 대내외에 선전했다.

　그림 4는 1967년에 발행된 토지개혁 5주년 기념우표다. 국왕
이 직접 농민에게 토지를 나눠주는 모습을 통해 '근대화의 혜택
을 베푸는 국왕'이란 이미지를 강조하고 있다. 그림 5 역시 같은 해
에 발행된 백색혁명 5주년 기념우표로 국민에게 환호받는 팔레비
국왕의 모습을 담았다. 당시 팔레비 정권이 자신들이 이룩한 근

대화에 얼마나 자부심을 품고 있었는지 잘 보여준다.

그러나 백색혁명의 성과는 극히 일부 특권층과 기업에만 집중되었다. 기존의 사회 지배층이었던 종교 지도자와 상인, 소규모 수공업자 등은 경제적으로 큰 타격을 입었고, 전통적인 사회구조가 붕괴하기 시작했다. 이들은 자신들의 피해를 직접 언급하는 대신 이슬람 교의에 비추어 국왕의 정책을 비판했다. 1973년, 오일붐산유국 입장에서 오일쇼크를 부르는 말을 계기로 인플레이션과 빈부 격차, 농민의 도시 유입 등 근대화의 부정적인 부분이 급격히 확산되면서 일반 국민도 국왕의 개발독재에 불만을 표했다. 국민의 비난과 불만이 높아지자 팔레비 정권은 비밀경찰에 의한 감시를 강화하며 무력으로 제압했다. 그러나 이는 오히려 반팔레비 감정을 증폭시킨 결과를 낳는다.

1978년 1월, 이란의 유력 일간지 〈이틸라트〉에 이슬람교 시아파 지도자 루홀라 무사비 호메이니를 중상 모략하는 투고가 실린다. 당시 호메이니는 1963년에 반정부활동을 벌였다는 이유로 국외 추방을 당해 이라크에 망명한 상태였다.

그림 6은 호메이니 사후 발행된 추모우표로 팔레비 정권과 미국에 의해 국외 추방되었던 사실을 강조하고 있다. 호메이니는 서양문명의 공세 속에 이슬람문화가 죽어간다며 이슬람문화와 사회를 지키려면 이슬람 법학자한국과 일본의 미디어에서는 '성직자'로 부르고 있으나 실제로는 이슬람 법학자라고 불러야 한다가 감독하는 정치체제를 수립하고, 이슬람 교의에 기초한 공정사회를 실현해야 한다고 주장했다. 그에

그림 6

따르면 팔레비 정권은 이슬람의 정의와 원칙에서 벗어났으며 미국식 자본주의에 의해 더럽혀진 체제였다. 당연히 그는 팔레비 정권하의 이란 사회를 강력하게 비판했다. 팔레비 정권과 후원자인 미국에 불만을 느끼던 이란 국민은 호메이니의 강력한 지지 세력이 되었다.

국민적 추앙을 받는 종교 지도자를 비방하는 기사가 게재되자, 이란의 종교 중심지 쿰에서 학생들을 중심으로 반정부 시위가 일어났다. 팔레비 정권은 무력 진압 방침을 내렸고 그에 따라 경찰과 수비대가 발포하면서 사망자가 다수 발생했다. 죽은 이에 대해 40일을 추도하는 이슬람 관례를 지킨 뒤 2월 18일, 희생자 추모식이 타브리즈에서 열렸다. 그러나 다시 경찰과 수비대의 무력 진압으로 대학살이 자행됐고, 이를 계기로 반정부 시위가 이란 전역으로 퍼져 나갔다.

그림 7은 쿰에서 열린 반팔레비 시위 10주년 기념우표다. 희생자의 시체를 안은 인물 뒤로 시위대가 든 항의 플래카드와 호메

그림 7

그림 8

이니의 초상이 그려진 피켓이 보인다. 그림 8 역시 타브리즈에서 열린 반팔레비 시위 10주년 기념우표다. 앞의 쿰 시위 기념우표보다 더 많은 시위대와 불타는 가두 풍경을 묘사함으로써 혁명이 본격화되었음을 말하고 있다.

★ 국왕의 얼굴을 지우다

혁명 초기에 미국은 사태 추이를 낙관했다. 그러나 반정부 시위가 노동자 파업으로 이어지면서 이란산 원유의 생산량이 격감하자 팔레비 정권을 포기하고, 팔레비 국왕에게 국외 탈출을 권고했다. 1979년 1월 16일, 팔레비 국왕은 이집트로 망명한다. 팔레비 국왕의 국외 탈출 소식을 접하고, 2월 1일에 파리에서 호메이니가 귀국했다. 당시 호메이니는 이란 내부에서 반정부운동이 거세지자 1978년 10월, 망명지 이라크에서 추방되어 파리에 머물

그림 9

고 있었다.

　1979년 2월 11일, 2대에 걸친 팔레비 왕조가 종식되고 혁명정부 수립이 선언되었으며, 3월에 국민투표로 이란이슬람공화국이 발족했다. 그림 9는 이란이슬람공화국이 혁명의 성공을 축하하는 기념우표 발행과 동시에 기존 우표에 취한 조치다. 혁명정부는 국왕 초상이 인쇄된 기존 우표를 폐기하는 대신 줄무늬로 국왕의 얼굴을 지우고 사용토록 했다. 새로운 우표가 갖는 상징성도 있을 테지만 기존 우표에서 왕을 지워버림으로써 오히려 왕정 붕괴와 혁명정부 수립을 더 확실히 선언하는 효과를 만들어냈다.

　이어 혁명정부는 미국과 동맹관계를 파기하고, 이스라엘과는 국교 단절을 선언했다. 이스라엘의 외교 사절단은 국외로 쫓겨났으며, 대사관 건물은 팔레스타인 해방기구 대표부가 차지했다. 팔레비 정권 시대에 미국은 이란이 민족적·언어적으로 아랍 세계에 포함되지 않는다는 이유로 이스라엘과 외교 관계를 유지해줄 것을 요구했다. 팔레비 정권은 미국이 제공하는 거액의 원조를 조건으로 순순히 응했다. 이란 역시 팔레스타인에 동정적이며 독립을 지지했지만, 종교적 공통성 외에 아랍 세계가 느끼는 정도의 연대감은 약했기 때문에 미국의 제안을 받아들일 수 있었다. 이런 거래를 통해 미국은 이란이 아랍 민족주의, 미국의 관점으로는 친소련파일 뿐인 세력에 대항하는 페르시아 연안의 헌병이 되어주기를 내심 기대했다.

팔레비 정권에서의 이런 내막 때문에 이란인들은 자연스레 반미와 반이스라엘을 하나로 연결해 생각했다. 아니 꼭 미국 때문이 아니더라도 이슬람공화국을 표방한 혁명정부로서는 이슬람의 성지이기도 한 예루살렘을 불법으로 점령예루살렘은 본래 유대교·기독교·이슬람교의 공동 성지다하고 있는 이스라엘을 용납할 수 없었다. 이렇게 혁명정부는 팔레비 왕정 타도와 반미, 반이스라엘 기치를 내걸고 탄생했다.

그러나 구호와 현실 외교는 사정이 달랐다. 혁명정부는 반미의 기치를 내걸었지만 미국과 직접적으로 대립하는 상황을 피하고자 동서 냉전을 방패 삼아 중립노선을 유지했다. 그 이전까지 이란은 중동조약기구와 지역협력개발기구를 통해 미국이 중동에서 주도하는 반소련 봉쇄정책에 적극적으로 참여하는 입장이었다.

1955년, 이란은 터키, 파키스탄, 영국, 이라크와 함께 반소련 군사동맹인 바그다드조약기구를 설립했다. 1959년, 공화제로 탈바꿈한 이라크가 탈퇴하며 중동조약기구로 이름이 바뀌었지만, 여전히 소련 봉쇄정책의 한쪽 날개를 담당하며 미국의 지원을 받

그림 10

았다. 1964년 7월, 이란은 터키, 파키스탄과 함께 지역협력개발기
구를 결성하고, 1972년 이후부터 가맹국들 사이의 상호협력과 우
호관계를 대내외에 홍보하는 우표를 발행해왔다.

그림 10의 우표는 이 지역협력개발기구의 기념우표 시리즈로
1979년 7월에 이란 혁명정부가 발행했다. 혁명정부의 원칙대로라
면 미국의 지원을 받던 팔레비 정권이 붕괴되고 미국과의 동맹관
계를 재검토하기로 한 이상, 반소련 봉쇄정책의 도구일 뿐인 지역
협력개발기구에 참여하는 것 역시 재검토해야 마땅했다. 그럼에
도 혁명정부는 지역협력개발기구를 보이콧하지 않았으며, 기념우

표 역시 기존 방침대로 발행했다. 이때만 해도 미국과의 동맹관계 파기가 바로 외교노선에 반영돼 친미 성향을 가진 주변 국가들의 비판이나 관계 단절로까지 이어지지는 않았던 것이다.

사실 이란혁명은 반팔레비 정권이라는 하나의 목표 아래 각기 지향점과 성향이 다른 여러 세력이 결집해 만들어낸 결과였다. 따라서 혁명정부 수립과 동시에 주도권을 둘러싼 권력투쟁이 발생했고, 여기서 외교노선이 중요한 쟁점으로 부각됐다. 혁명정부의 일부 인사가 알제리에서 미국과 접촉했다는 소식에 이어, 이집트에서 망명 중이던 팔레비 국왕이 치료를 이유로 미국에 입국한 소식이 알려지면서 급진주의자들의 반미 감정이 급속도로 달아올랐다.

1979년 11월, 팔레비 국왕의 신병 인도를 요구하는 급진파 학생들이 테헤란의 미국 대사관을 점거하는 사건이 일어났다. 결국 내각이 총사퇴하고, 새로 구성된 혁명정부는 '서쪽도 동쪽도 아닌 이슬람공화국'을 정식 외교노선으로 들고 나왔다.

이는 당시의 세계질서에 대한 도전이었다. 동서 냉전시대에는 이른바 '비동맹제국회의' 등 동서 어느 진영에도 속하지 않으며 자립적인 국가 건설을 시도하는 신흥국가들이 많이 있었다. 이 신흥국가들 상당수는 반제국주의를 기본으로 삼고, 식민주의를 상징하는 영국과 프랑스를 포함한 서구 제국주의 국가들과 분명히 거리를 두었다. 이 국가들은 동서 어느 진영에도 속하지 않는 자립적인 국가라고 선전했지만, 한편에서 많든 적든 미국이 아닌 소련의 지원을 받은 것도 사실이다.

반면 이란이슬람공화국은 미국이나 소련이 만들어내는 이데올로기에 의지하는 것 자체가 잘못됐다고 비난했다. 이슬람 원리주의자의 시각에 따르면 올바른 통치는 신에 유래하는 이슬람법에 의거하지 않으면 안 되었다. 그런 의미에서 공산주의든 자유주의든 또는 반제국주의든 모두 이슬람법에 근거하지 않은, 즉 인간이 고안한 이데올로기이며 정통성을 지닌 정부의 이념으로는 받아들일 수 없는 것이었다. 따라서 혁명 이후의 이란 체제는 기존의 냉전구도에 따라 명확하게 구분할 수 없다는 것이 그들의 주장이었다. 그래서 '서쪽도 동쪽도 아닌'이라는 표현이 탄생한다.

이처럼 기존 세계 정치체제를 부정한 이란이슬람공화국은 주변국에 이슬람혁명을 수출한다는 국가 목표를 세우게 되었다. 그림 11은 1980년 1월 19일, 이슬람력으로 15세기 개막을 축하하며 발행한 기념우표 중 하나로, 코란에서 뿜어져 나오는 빛이 지구 전체를 환하게 비추고 있다. 이슬람에 근거한 사회·문화질서를 전 세계로 확대하고자 하는 혁명 정부의 이념이 그대로 담겼다고 해도 무방하다. 그렇다고 미국을 비롯해 특정 국가를 적대시하

그림 11

는 의지나 자세가 느껴지지는 않는다. 당시 혁명정부 내부에 반미를 전면으로 내세우는 급진적 종교 세력의 헤게모니가 아직 확립되지 않은데다, 우표라는 미디어를 통해 특정 국가를 비방하는 것은 옳지 않다는 생각에 어느 정도 동의가 이루어졌기 때문이리라.

★ 이란·이라크전쟁, 예루살렘을 해방하자

1980년 9월, 이라크군이 이란의 주요 공항을 폭격함과 동시에 국경을 넘어 이란 영내로 침입해 들어갔다. 선전포고도 없이 일어난, 8년에 걸쳐 아랍 세계를 수렁에 빠뜨린 이란·이라크전쟁의 발발이었다. 이라크가 이란을 상대로 전쟁을 일으킨 동기는 몇 가지가 있다.

우선 양국 사이에는 오래전부터 국경 문제를 둘러싸고 잡음이 끊이지 않았다. 이라크 정부는 오래전부터 이란 남서부의 대유전지대인 후지스탄주를 아라비스탄이라 부르며 영유권을 주장했다. 아라비스탄은 아랍의 땅이라는 뜻으로 페르시아민족의 국가인 이란의 지배에 반대하는 뉘앙스를 품고 있다. 팔레비 정권 때까지만 해도 양국 관계는 비교적 안정된 상태로, 국경 문제에 대해서도 1975년 3월 알제협정을 맺고 이라크가 이란의 주장을 대체로 수용하며 타협해왔다.

그러나 이란에서 이슬람혁명이 일어나면서 양국 관계는 틀어지기 시작했다. 1979년 7월, 병에 시달리던 당시 바쿠르 대통령을 대신해 부통령인 사담 후세인이 이라크 대통령으로 취임한다.

후세인은 집권 직후부터 반대파를 숙청하는 등 권력 기반을 다지는 데 전력을 다했다. 이때 후세인 정권에게 후지스탄 지역에 인접한 이라크 남부 지역의 시아파 세력은 잠재적 불안 요소였다. 그들이 이란의 이슬람혁명에 자극받아 수니파 중심의 지배체제에 반기를 들 수도 있기 때문이었다. 따라서 그것이 비록 지지자들을 결집하기 위한 정치 수사에 지나지 않는다 해도 '서쪽도 동쪽도 아닌 이슬람공화국'을 표방하며 주변국들에 이슬람혁명을 수출하려는 목표를 공공연하게 주장하는 이란이 곱게 보였을 리가 없었다. 후세인 정권은 체제 안정을 위해 불안 요인을 제거해야 한다고 판단했고, 그를 위해 어떤 방법을 쓰더라도 아라비스탄을 병합해 혁명의 파급을 사전에 막아야 한다고 생각했을 게 틀림없다. 게다가 당시 아랍 세계는 1979년에 이집트와 이스라엘이 평화조약을 맺으면서 이집트가 '아랍의 맹주' 자리에서 물러났다고 여겨지던 참이었다. 후세인은 이란과의 전쟁에서 승리함으로써 아랍 세계의 새로운 맹주로 발돋움할 기회를 노렸다.

선전포고도 없이 공격을 개시한 이라크군은 이란 혁명정부의 혼란을 틈타 승리를 거듭해갔다. 그러나 보급 체계의 준비 부족 때문에 초기의 승전 분위기를 잃고 차츰 전쟁이 장기화되어 갔다. 한편 이라크군 침공을 기점으로 이란 혁명정부의 시급한 과제는 조국방위가 되었다. 당시 혁명정부의 주축인 이슬람공화당은 전쟁

그림 12

발발 전인 1980년 3월과 5월에 열린 국회의원 선거를 통해 다수 의석을 확보한 상태였는데, 이후 전시를 틈타 체제 강화에 나섰다. 1981년 6월, 반이슬람공화당 세력의 상징인물인 자유주의 계열의 바니사드르 대통령을 국회에서 탄핵해 파면하고, 같은 해 11월 하메네이 대통령과 무사비 수상을 옹립하는 데 성공했다.

우표도 이러한 긴박한 상황을 반영했다. 이슬람 원리주의와 그 전파를 호소하는 혁명 초기의 우표와 달리, 이슬람공화당 단독 지배체제가 확고해질수록 보다 직접적으로 혁명정부의 정치 주장을 담은 우표를 발행하기 시작했다. 이라크와의 전쟁이 발발한 직후인 1980년 10월, 이란 우편행정 당국은 '예루살렘을 해방하자'는 제목을 붙인 그림 12의 우표를 발행했다. 이는 이란 혁명 정부가 우표를 통해 직접적으로 타국을 비판한 최초 사례로 주목할 필요가 있다. 이슬람공화당의 단독 지배체제가 이란을 둘러싼 국제환경의 악화와 맞물리며 우표를 보다 직접적인 선전매체로 인식하게 된 것이다.

내부 안정을 이룬 이란이 초기의 군사적 부진을 딛고 강하게 반격하자 역으로 이라크가 수세에 몰렸다. 이라크는 즉시 정전을 요구하는 입장을 취하며 국제 사회를 자기편으로 만들고자 외교적 노력을 기울였다. 1982년, 이라크는 대이스라엘 평화조약을 계기로 단교 중이던 이집트와 관계를 회복하고 군사지원을 약속받았다. 1984년에는 1967년 제3차 중동전쟁 이래 단교 중이던 미국과도 손을 잡는다.

이라크의 외교 공세와 함께 이란은 차츰 고립되어 갔다. 1982년 8월, 이라크가 자위를 명분으로 이란 선적의 유조선에 무차별 공격을 가했다. 이란은 그 보복으로 즉시 페르시아만을 항해하는 유조선들을 공격했다. 그러나 피해입은 유조선 대부분이 사우디아라비아와 쿠웨이트 선적이었던 관계로, 오히려 국제사회는 이란을 맹비난했다. 미국은 반이란이라는 이유만으로 이라크 지원을 강화하며 페르시아만과 인도양에 전함을 파견했다. 사우디아라비아 또한 공군 지원을 약속했다. 그 결과 페르시아만 항공에서 이란과 사우디아라비아 사이에 공중전까지 벌어졌다.

당연히 이란은 자국에 적대적인 국제질서에 불만을 표시했다. 이란 정부는 미국, 이스라엘, 이집트, 사우디아라비아 등을 강하게 비난했다. 우표 역시 국가 이데올로기에 따라 해당 적대 국

그림 13

그림 14

그림 15

가들을 비판하는 우표들이 등장하기 시작했다.

그림 13은 이라크와 이집트의 화해를 비난하는 우표로, 1982년 6월에 일어난 사다트 이집트 대통령 암살사건의 주모자인 이스람부리를 영웅으로 추앙하고 있다. 이집트의 현 체제를 통렬하게 비판함과 동시에 미국, 이스라엘과 손잡은 이집트를 흉내 내는 이라크를 간접적으로 조롱한 것이다.

1983년 10월에는 자신들의 입맛에 맞게 세계 지배를 꾀하는 미국, 소련, 영국, 프랑스, 중국 등 안보리 상임이사국 5개국을 정의의 검으로 심판하는 그림 14의 우표를 유엔의 날에 맞추어 발행했다. 특정 국가만이 아니라 기존 국제질서 전체에 강한 불만을 나타낸 것이다. 그림 15는 1983년 11월에 발행된 테헤란 미국 대사관 점거사건 4주년 기념우표이며, 그림 16은 1984년 4월에 발행

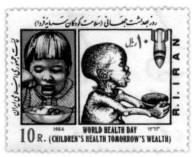

그림 16

된 세계보건기구의 날 기념우표다.

특히 세계보건기구의 날 기념우표는 미국인이 개발도상국에 투하되는 폭탄을 판 돈으로 풍족한 생활을 누린다고 통렬하게 비판하고 있다. 이란 혁명정부는 이런 우표들을 통해 내부적으로 단결과 혁명이념의 교육을 꾀하고 외부적으로는 국제질서의 부당함을 호소했다.

★ 원자폭탄보다 힘이 센 '외교'

전쟁이 교착 상태에 빠져 있는 동안 국제사회는 이란보다 이라크의 손을 들어주었다. 이러한 상황을 타개하고자 이란은 기존 외교 전략을 바꾸고 1984년부터 벨라야티 외무장관을 내세워 '외교가 원폭보다 더 위력적이다'라는 입장 아래 '적극외교'를 펼치기 시작했다. 국제사회의 이라크 지원 체제를 무너뜨리기 위한 나름의 대응이었다. 1984년 여름부터 적극외교를 개시한 이란은 서독과 중국의 외무장관 방문을 수용하고, 소련에 외교 사절단을 파견했다. 또한 프랑스와 채무변제를 협의하는 등 적극적으로 대외관계 개선에 나선 결과, 1985년에는 전쟁 이후 관계가 악화했던 사우디아라비아와 상호 외무장관 방문을 실현시켰다.

한편 미국은 이란이 적극외교를 펼치며 소련과 가까워지려 하자, 페르시아만의 석유 수송로가 소련의 영향권에 들어갈 것을 우려했다. 하지만 이란은 미국의 대소 전략에 순응하는 형태로 자국에 대한 포위망을 해제할 계획이었다. 때문에 1985년 7월, 미국과 비밀교섭을 시작해 레바논의 시아파 원리주의 조직인 헤즈볼라가 인질로 잡은 미국인을 석방하는 대신 미국제 무기를 제공받는 비밀협약을 맺었다. 이때 발행된 우표가 그림 17의 아프가니스탄 지원 기념우표다. 1979년 시작된 소련군의 아프가니스탄 침공에 맞선 이슬람 세계의 저항운동을 지지할 목적으로 1985년 2월에 처음 제작되었다.

그림 17

이후 이란은 아프가니스탄 지원을 호소하는 우표를 주기적으로 발행했다. 이슬람적 교리에 의한 세계질서를 국시로 내건 만큼 이란이 아프가니스탄의 반소련 이슬람 저항운동을 지지하는 것

그림 18

그림 19

은 당연하다. 그렇지만 시기적으로는 동서 냉전의 절정인 때였고 정치적으로는 '서쪽도 동쪽도 아닌 이슬람공화국'을 표방한, 자립을 우선시하는 정권이었다. 더구나 미국 대사관 점거사건 때처럼 반미를 최우선으로 하던 시기조차 아프가니스탄의 반소련 저항운동을 결코 우표 소재로 활용하지 않았다. 그런 점을 감안할 때, 이란 정부는 분명 부담스러울 수 있는 '반소련' 기치를 전면에 내세우면서까지 미국과 외교관계를 진척시키려 했던 것이 분명하다.

그런데 이란과 미국의 접촉은 어디까지나 '비밀교섭'이었다. 공식석상에서 이란 정부의 '대악마 미국'을 향한 비난은 계속됐다. 1986년, 전년도의 아프가니스탄 지원 우표 발행 후에도 그림 18과 같은 예루살렘 해방 캠페인 우표 등을 발행한 것이 그 예다. 다만 미국과 이스라엘, 유엔을 주된 비난 대상으로 삼던 예전과 달리 더 다양한 국가나 기관 등을 소재로 활용함으로써 미국을 비난하는 빈도를 줄여갔다. 적극외교에 따라 대미 외교를 유연하게 푼다는 사실을 미국에 어필하려는 이란 정부의 속셈이었다.

1986년 6월 발행된 그림 19의 반아파르트헤이트 투쟁지원 우표는 바로 그런 점에서 주의 깊게 볼 필요가 있다. 남아프리카공화국의 인종차별·인종격리정책인 아파르트헤이트는 그 자체로 이란혁명이 추구하는 가치나 이념에 반하는 정책이다. 반아파르트헤이트 투쟁을 지원하는 것은 기존의 이란 혁명정부의 외교정책과 일관되는 것으로, 우표의 발행 자체는 아무런 문제가 없다. 중요한 것은 왜 하필 이때서야 아파르트헤이트를 공공의 적으로 삼아 비판하고 그것을 우표로까지 발행했느냐는 점이다. 이건 그동안 비판만 해왔던 기존 국제질서와 공존할 뜻을 내비친 것은 아니었을까. 여기서 국제질서란 미국과 이스라엘까지를 포함하는 국제질서를 말한다.

이처럼 이란이 국제적 고립을 탈출하기 위해 펼친 적극외교는 일정한 성과를 거두었다. 그러나 적극외교의 성공은 한편 이란 내부의 급진적 원리주의 세력을 자극하는 결과를 낳았다. 호메이니의 후계자로 지명된 후세인 알리 몬타제리의 측근인 메헤디 하시미 등은 1986년 8월 사우디아라비아에서 무기밀수 미수사건을, 이어 같은 해 10월 시리아 외교관 납치사건을 일으키며 외교적 해결점을 찾던 이란 정부를 흔들었다.

이란 정부는 시리아 외교관 납치사건 직후인 10월 12일 하시

미 일파를 체포했으나, 하시미는
오히려 정부와 미국의 비밀교섭
을 폭로하겠다고 협박했다. '대악
마' 미국과 비밀교섭을 벌인 사
실로 궁지에 몰리자, 이란 정부
는 비밀외교가 미국의 요청이었
다고 해명했다. 이어 미국을 향
해 레바논 인질 석방의 맞교환으
로 무기 인도와 미국 내 이란 소

그림 20

유 자산의 동결 해제를 강력히 요구했다. 비밀교섭 폭로 이후 이
란과 미국의 관계는 다시 급속도로 냉각되었다.

1987년 4월, 이란 정부는 레바논의 헤즈볼라를 상징하는 그림
20의 우표를 발행한다. 이란은 레바논 인질 석방을 위해 노력하
고 있는데 미국은 이란 정부를 무시한다는 뉘앙스로 미국을 은근
히 비난한 것이다.

★ 물음표가 달린 안보리 결의 598호

적극외교의 실패는 대내외적으로 강경파의 발언권이 강화되
는 결과를 낳았다. 1987년 5월, 주영 이란 외교관이 절도 혐의로
체포된 것에 대한 보복으로 영국 외교관이 폭행당하는 사건이 일

그림 21

어났다. 이와 맞물려 이란 외교는 강경파가 주도권을 잡게 된다. 같은 해 7월 프랑스에서 벌어진 테러사건으로 이란인 외교관이 경찰서 출두를 요구받자 이란은 프랑스와 외교관계를 단절해버렸다. 사우디아라비아의 메카에서 이란인 순례자와 사우디아라비아 치안부대가 충돌하는 사건이 발생하자, 이란 정부는 즉각 이슬람 성지를 신도의 피로 더럽힌 부정한 이슬람 체제라며 사우디아라비아를 맹비난하고 그림 21의 우표를 발행한다. 강경파의 발언권이 그만큼 더 강해진 것이다.

그렇게 이란 정부가 1984년부터 노력을 기울였던 적극외교의 성과는 순식간에 사라졌다. 사우디아라비아와 쿠웨이트는 다시 이란의 혁명노선에 위협을 느끼고 이라크 지원을 확대했으며, 미국도 이란의 승리를 저지할 목적으로 이라크 지원을 강화했다.

1987년 7월, 유엔안보리의 정전 결의인 안보리 결의 598호가 가결되면서, 이란·이라크전쟁의 끝이 보이기 시작했다. 안보리 결의 598호는 결의안 수락을 거부하는 나라에 대해 제재를 가함으로써 수락 여부에 압력을 가할 수 있었다. 게다가 정전과 함께 점령지역에서 철수해야 했다. 군사적으로 수세에 몰리며 이란 영내에 점령지가 없던 이라크에 일방적으로 유리한 조건이었다. 때문에 대이란 제재를 지휘하는 미국의 이해가 반영된 결과라는 해석이 분분했으며, 일부는 이란이 거부할 것으로 예상했다.

그림 22는 같은 해 11월에 발행된 미국 대사관 점거사건 8주년 기념우표로 이란 내부에 반미 감정이 다시 비등점까지 끓어오른 것을 확인할 수 있다.

마침내 1987년 7월 2일, 안보리 결의 598호가 발효되고 미국은 후속 조치로 페르시안만의 쿠웨이트 유조선을 보호하기 위해 함대를 파견했다. 같은 달 24일 호위를 맡은 유조선이 이란이 설치한 어뢰에 의해 폭파되자 이를 계기로 미국과 이란은 약 1년 동안 무력 충돌을 거듭했다. 1988년 7월, 이번에는 미국의 이지스함이 이란의 민간 여객기를 군용기로 오인해 격추하는 사건이 발생했다. 이란 정부는 바로 다음 달인 8월에 이 사건을 소재로 한 우표를 발행해 군사공격에 민간

그림 22

그림 23

인이 입은 피해를 국제사회에 알렸다. **그림 23**은 바로 그 우표가 붙은 편지봉투로 이란에서 미국으로 가는 우편물이다. 성조기 무늬의 미국 전함이 막 이륙하는 민간 항공기에 미사일을 정조준해 발사하는 장면이 그려 있다. 그림만으로도 충분히 사건을 재구성할 수 있게 만든 것이다.

또한 이란 정부는 같은 이슬람 세계인 사우디아라비아와 쿠웨이트가 이라크 지원에만 그치지 않고, 미국과 군사협력을 강화한다는 사실에 분노했다. 양국에 대한 이란의 적의는 점점 높아져 특히 성지 메카와 메디나를 관리하는 사우디아라비아를 성지에서 몰아내기 위해 왕정 타도까지 주장했다. 결국 1988년 4월, 이란과 사우디아라비아는 국교를 단절한다.

이란이 미국이나 사우디아라비아와 소규모 전투를 벌이는 사

그림 24

이, 이라크는 이란에 빼앗긴 영토를 조금씩 탈환했다. 1988년 6
월, 자국 내 영토 탈환을 모두 끝낸 것은 물론 국경을 넘어 이란
영내로 재침공할 수 있는 준비까지 마쳤다. 그러나 이란과 이라크
모두 8년 동안의 장기전에 지쳐 있었다. 전쟁을 계속할 여력도 충
분하지 않았다.

1988년 8월, 이란이 정전 결의를 수락하며 승자도 패자도 없
이 이란·이라크전쟁은 종지부를 찍는다. 종전 후 이라크와 사담
후세인이 대대적으로 승리를 선전한 데 비해 이란은 조용했다. 이
란의 최고 지도자 호메이니는 정전을 앞두고 "독을 먹는 것보다

괴롭다"고 평했다. 당시 이란의 국민 정서는 1989년에 안보리 결의 598호 1주년을 기념해 발행한 **그림 24**의 우표와 소인을 통해 생생하게 느낄 수 있다. 안보리 결의 598호 결의문에 물음표를 다는 모습이 그려진 우표는 유사한 디자인의 우편 소인으로까지 제작되어 사용되었다. 안보리 결의 598호가 이란에 국제사회가 부당하게 종용한 불평등한 내용임을 그런 식으로 드러낸 것이다.

동서 냉전의 종말을 목전에 두고 이라크와의 전쟁이 마무리 되자 이란 혁명정부는 그제야 본래 과제인 사회 모순 해소와 국가 건설에 매진하기 시작했다. 국가 미디어인 우표의 역할도 달라 졌다. 지금까지 대외적으로 이란의 혁명노선을 알리는 데 치중했 다면 이제 국민을 향해 이슬람혁명의 이념을 전파하는 데 중점을 두기 시작한다.

1989년 5월, 이슬람혁명의 최고 지도자 호메이니가 87세의 나 이로 생을 마감했다. **그림 25**는 그를 추도하는 최초의 우표로 그 해 7월 6일 발행됐다. 이후 호메 이니의 초상은 이란 우표에 빈번 하게 등장하는 소재가 되었다. 호메이니 생전에는 그의 초상 우 표가 발행되지 않았는데, 이는 초상이 개인숭배로 이어질 수 있 다는 이슬람의 전통적 입장이자

그림 25

호메이니의 생각이 반영된 결과였다. 호메이니의 뜻과 다르게 이란 정부가 사후에 호메이니 우표를 자주 발행한 것은 자신들을 호메이니의 정통 후계자로 선언할 필요가 있었기 때문이다. 이때 우표가 상대하는 정보의 수신자는 국제사회가 아닌 오롯이 이란 국민이라고 볼 수 있다.

그리하여 미국과 이스라엘, 이라크 그리고 유엔 등 국제사회에 대한 이란 혁명정부와 국민의 원한과 복수심은 전쟁이 끝나고 혁명의 추진력이 통상적인 의미의 '보통국가'로 수렴되고 변모하면서 차츰 사라져 갔다. 국가 미디어인 우표에 그러한 원한과 복수의 감정이 등장하는 일도, 그런 감정의 원인인 미국과 국제사회가 등장하는 일도 급격히 줄었음은 물론이다.

4
봉쇄를 뚫고
혁명을 수출하다

쿠바

★ 미국의 앞마당, 라틴아메리카

라틴아메리카 사람들의 농담 중에 이런 말이 있다. 신은 우리
들에게 축복받은 땅과 함께 미국이라는 악마도 함께 주셨다고.
400여 년이 넘는 스페인과 포르투갈의 식민지배도 끔찍했지만
이후에 찾아온 미국은 더 끔찍했다.

미국의 5대 대통령 제임스 먼로가 1823년에 밝힌 미국의 중
남미 외교노선인 '먼로 독트린'은 동서 냉전시대를 여는 트루먼 독
트린의 전신과도 같다. 자신들의 이해가 걸린 지역에 대해서는 어
떤 수단과 방법을 동원해서라도 그 이해를 방어하겠다는 게 그
둘의 공통점이다. 먼로 독트린은 외부 세력, 특히 유럽이 아메리
카 대륙에 간섭하거나 식민지를 건설하는 것을 거부한다는 내용

이다. 1904년, 미국의 26대 대통령 시어도어 루스벨트는 먼로 독트린의 개념을 더욱 확장해 미국이 라틴아메리카에 경제·군사적으로 개입할 권리가 있다고 주장했다. 경제·군사적으로 개입할 권리란 곧 라틴아메리카 사람들의 운명을 그네들 손에 맡겨두지 않겠다는 말이기도 하다.

1959년의 쿠바혁명은 라틴아메리카의 민중이 미국의 손으로부터 자신들의 운명을 되찾아온 첫 번째 사건이었다. 쿠바는 1511년부터 1898년까지 4세기에 걸치는 시간 동안 스페인의 식민지였다. 1820년대, 남미 대륙을 휩쓸던 반스페인 독립투쟁 때도 쿠바는 '가장 충성스런 식민지'로 남아 있었다. 그러나 정치적으로 스페인에 충성을 다했을 뿐, 사실상 19세기 이후 쿠바는 점점 더 미국의 영향력 아래 놓여갔다. 쿠바의 가장 큰 산업이었던 설탕산업을 위시해 많은 산업과 토지가 미국 자본의 직간접적인 통제하에 있었다. 플로리다해협을 사이로 미국 본토와 쿠바는 160킬로미터밖에 안 되는 가까운 거리다. '미국의 앞마당' 정도가 아니라 '미국의 화장실'이라는 말이 나올 정도였다. 쿠바의 지배층은 이제 식민 본국인 스페인보다 미국과 이해관계가 더 긴밀했다. 일부 쿠바 지배층들 사이에서는 '자유와 민주주의 상징'인 미국과의 통합을 요구하는 목소리까지 공공연히 나돌았다.

그러나 1890년대 이전까지만 해도 미국 정부는 유럽의 제국주의 국가들이 벌이는 식민지정책에 큰 흥미를 느끼지 않았다. '프런티어'로 불리던, 북미 대륙 내부에서의 영토 획득과 정착촌 건설, 인디언과의 전쟁만으로도 사회적 에너지를 충족시킬 수 있었기 때문이다. 게다가 러시아로부터 알래스카를 '구매'한 경험이 있는 미국으로서는 조만간 스페인이 쿠바를 매각하기를 기다리며 조용히 사태를 관망하는 게 나았다.

★ 거짓말로 점철된 전쟁 캠페인, 메인호를 잊지 말자!

1895년 4월, 쿠바에서 미국 망명 중이던 호세 마르티를 지도자로 내세운 독립전쟁이 일어났다. 마르티는 '미국과 통합되어도 쿠바인은 행복해지지 않는다'며 반스페인·반미국의 기치를 분명히 세우고 쿠바 독립당을 결성해 전쟁에 나섰다. 마르티는 쿠바 상륙 이후 스페인군과의 전투에서 전사하였으나 독립전쟁의 열기는 쉽게 꺼지지 않았다. 마르티의 정치적 동료였던 막시모 고메스 장군이 이끄는 독립군이 스페인군을 궁지에 몰아넣을 정도였다.

그림 1은 쿠바 독립군이 자신들의 존재를 해외에 알리려고 준비했던 '쿠바공화국'의 우표다. 이 우표는 독립전쟁이 일어난 다음 해인 1896년에 발행될 예정이었으나, 결국 정식으로 발행되

그림 1

지 못했다. 그래도 우표 발행이 가능한 수준, 즉 일정 규모 이상의 지역을 점령해 행정 서비스를 제공할 필요가 있을 만큼 독립군이 성장했다는 점에서 쿠바 독립이 어느 정도 현실적인 목전의 일로 다가왔음을 짐작할 수 있다.

한편 쿠바에서 독립전쟁이 시작되자 미국 내 쿠바계 이민자들의 언론만이 아니라 언론재벌 퓰리처 계열의 신문사들까지 스페인의 폭정을 연이어 보도했다. 자유를 추구하며 싸우는 쿠바인들을 응원하자는 것을 명분으로 내걸었지만, 미국의 이익을 유지하기 위해서 스페인을 공격해야 한다는 게 더 중요한 골자였다. 당시 미국은 쿠바의 설탕농장 등에 막대한 투자를 하고 있었기에 반스페인 여론은 곧 이들 자본가의 이익을 옹호하는 행위였다. 산업자본과 언론자본이 서로 앞다투어 미국의 팽창주의를 주문한 것이다.

1898년 2월, 아바나 항에 정박 중이던 미국 전함 메인호가 폭발해 26명이 사망하는 사고가 발생했다. 최근에는 내부 기관의 문제로 인한 폭발이라는 설이 유력하지만 당시엔 그렇지 않았다. 특히 반스페인 여론의 선동에서 퓰리처 계열 신문사들에 밀렸다고 생각한 또 다른 언론재벌 허스트는 '메인호 사건'을 계기로 보다 강력한 반스페인 캠페인, 사실상 전쟁 캠페인을 전개하기 시작했다. 당시 허스트가 '쿠바에 전쟁은 없다'며 반스페인 여론과 전쟁 가능성에 회의적이던 쿠바 특파원에게 보낸 전보는 언론의 책임을 내다버린 부정적인 사례 중 하나로 종종 언급된다. "자네는

그림 2

그림 3

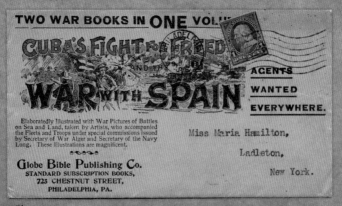

그림 4

산문시나 쓰게. 나는 전쟁을 일으킬 테니까.”

　언론사들이 경쟁하듯 왜곡과 과장 보도를 잇달아 내놓으며 반스페인 여론을 선동하고 군부 역시 강하게 스페인과의 전쟁을 촉구했다. 결국 미국은 4월 25일 메인호 사건을 빌미로 스페인에 선전포고를 했다.

　그림 2는 “메인호를 잊지 말자”는 슬로건이 적힌 편지봉투로 미국·스페인전쟁이 시작되던 시기에 만들어 사용했다. 미국인들은 홍보문구나 그림이 인쇄된 광고봉투Advertising Cover를 편지봉투로 사용하는 경우가 많은데, 여기서 광고는 신제품이나 이벤트 안내 등의 상업적인 것만이 아니라 정당에 대한 지지나 쟁점이 되는 사안에 대한 정치 주장 등에 이르기까지 다양하다. 이런 광고봉투 가운데 특히 전쟁 중에 사기를 높이고 애국심을 고취하기 위한 목적으로 만든 것을 애국봉투Patriotic Cover라고 부른다.

　그림 3의 경우에서 보듯 미국에서 애국봉투가 사용되기 시작한 것은 남북전쟁 때부터로, 이후 2003년 발발한 이라크전쟁에 이르기까지 전쟁 때마다 다양한 종류의 애국봉투가 제작되어 사용되었다.

　그림 4는 책 광고가 인쇄된 편지봉투로 역시 미국·스페인전쟁 시기에 만들어 사용했다.《자유를 추구하는 쿠바독립전쟁》과《스페인과의 전쟁》이라는 두 권의 책을 다시 한 권에 정리한 책으로, 이를 통해 미국·스페인전쟁을 스페인 정부로부터 쿠바를 구하는 정의로운 전쟁으로 인식하던 당시 미국 사회의 분위기를

엿볼 수 있다. 사실상 미국 자본가들의 이익을 보호하고, 군부의 팽창주의적 욕심을 채우기 위한 전쟁이었음에도 국민의 지지를 얻으려면 '정의로운 전쟁'으로 위장할 필요가 있었던 모양이다.

미국은 미국·스페인전쟁의 대의명분으로 1895년부터 진행된 쿠바 독립전쟁 지원을 내세웠다. 때문에 미국 의회는 매킨리 대통령이 제출한 개전 요청에 대해 "전쟁 이후에 독립군의 혁명정부를 인정하고 쿠바를 식민지화하지 않는다"는 조건으로 허락했다. 선전포고 이후 1898년 6월에 쿠바에 상륙한 미군은 스페인군과 전투를 벌여 여러 곳에서 승리를 거두었고, 전쟁은 순식간에 종결됐다. 그러나 대의명분으로 내세웠던 쿠바 독립은 이루어지지 않았다.

같은 해 10월, 미국은 독립군을 제쳐 놓고 스페인과 평화조약을 맺은 뒤 군정을 시작했다. 그리고 군정 시작과 함께 그림 5에서 보듯 자국 우표에 'CUBA'라는 문자와 현지 화폐에 따른 가격 등만 추가로 인쇄해 사용토록 했다. 쿠바에 대한 미국의 식민통치가 시작되는 상징적인 장면이다.

1902년 5월 20일, 쿠바는 미국으로부터 형식적 '독립'을 이룬다. 그러나 헌법 제정 시 미국은 쿠바 신헌법에 '미국이 언제든 쿠바 문제에 개입하고 재정 및

그림 5

대외관계를 감독하는 권한을 유지'하는 것을 골자로 하는 아래와 같은 내용의 부대조항 명기를 요청했다. 이 내용은 제안자의 이름을 따서 '플랫 수정조항'으로 불린다.

① 쿠바의 독립이 위협을 당하거나 미국인의 생명·재산이 위험에 처했을 경우 미국의 개입이 가능하다.
② 쿠바 정부는 미국 외에 외국으로부터 자금을 빌릴 수 없다.
③ 쿠바 정부는 미국 외에 외국에 군사기지를 제공할 수 없다.
④ 쿠바 정부는 미국에 군사기지를 제공할 의무를 가진다.

④항의 내용에 따라 쿠바 영토 내에 설치된 것이 최근까지도 반인권적 상황으로 문제가 되는 관타나모 미 해군기지다. 플랫 수정조항은 ①항부터 ④항에 이르기까지 독립국가의 지위를 심각하게 위협하는 내용이다.

쿠바 정부는 거부 의사를 밝혔지만 결국 미국의 강경 자세에 밀려 위 내용을 신헌법에 포함시키고 말았다. 쿠바는 사실상 미국의 보호국이 되었고, 미국 자본이 설탕이나 담배 등 주요 생산품을 독점했다.

그 결과 다른 모든 식민지에서 그러하듯 부패가 만연하고 빈부 격차가 심화되었다. 이에 따라 진정한 독립을 추구하는 쿠바인의 민중봉기와 반미 투쟁이 빈번하게 일어났지만 그때마다 미국은 군대를 보내 힘으로 제압했다. 미국은 틈날 때마다 유럽의 제국주의 국가들과 자신들은 다르다고 선전했지만 쿠바에서 미국은 정의롭기는커녕 스페인에 이은 또 다른 침략자일 뿐이었다.

1933년 8월, 마차드 독재정권 타도를 외치는 민중봉기를 틈타 육군 하사관이었던 풀헨시오 바티스타가 순식간에 육군 실력자로 올라섰다. 다음 해인 1934년에 바티스타는 미국의 지원을 등에 업고 본격적으로 독재체제를 구축했다. 바티스타와 그 일파는 이후 약 20년 동안 독재정권을 유지하며 미국 기업과 마피아의 돈주머니를 불려주었다. 이 시기 미국에 의한 쿠바의 식민지화는 더욱 강고해진다.

★ 청년 카스트로의 혁명

미국과 바티스타 정권의 억압이 계속되자 쿠바인의 불만은 점점 커졌다. 1953년 7월 26일, 27살의 청년 변호사 피델 카스트로가 이끄는 156명의 쿠바 청년들이 바티스타 정권 타도를 목표로 쿠바 제2의 군사기지인 몬카다 기지를 습격하지만 전투 경험 부족과 판단 실수로 실패하고 만다. 그들이 기대했던 시민 봉기는 일어나지 않았으며, 카스트로는 체포되어 감옥에 수감됐다. 그러나 습격에 참여한 청년들에 대한 바티스타 정권의 무자비한 학살이 밝혀지면서 정권에 대한 민중의 반감은 극에 달했다.

그림 6은 1960년에 발행된 혁명 1주년 기념우표로 '몬카다 기

그림 6

그림 7

지 공격'이라는 말과 함께 전투 장면이 들어가 있다. 그림 7은 혁명 3주년 기념우표 중 하나로 몬카다 기지 습격에 참여했던 청년 중 하나인 아벨 산타마리아의 초상을 담았다. 아벨 산타마리아는 체포되어 고문당한 끝에 결국 사살되었는데, 이 우표는 자유롭게 책을 보거나 산책하는 여학생들의 모습과 함께 아벨의 초상을 담음으로써 혁명 이전과 이후의 삶을 비교하고 있다.

카스트로는 재판과정에서 스스로 피고인인 자신의 변호를 담당했다. 이때 법정 최후진술에서 한 말인 "역사가 나를 무죄로 하리라"는 수많은 이들에게 인용되며 20세기 후반의 혁명가와 민주주의자들에게 영감을 주었다. 카스트로는 15년형을 받고 피노스섬에 유배되었지만 그의 최후진술은《역사가 나를 무죄로 하리라》는 제목의 소책자로 은밀하게 출판되어 쿠바 전역으로 퍼져 나갔다.

그림 8은 1964년 발행된 우표로 카스트로의《역사가 나를 무죄로 하리라》책의 표지를 담고 있다. 위가 바티스타 정권하에서

발행된 초판 표지, 아래가 혁명
후 정식으로 다시 발행된 책의
표지다.

그림 8

카스트로의 과감하고 대담한
행동력은 쿠바 민중을 고무시켰
다. 카스트로의 뒤를 이어 바티
스타 정권에 저항하는 파업과 시
위, 습격이 잇따르자 위기에 처
한 바티스타는 민중을 달래고자
1955년 5월에 카스트로를 석방
했다. 석방된 카스트로는 동료와 함께 다시 한 번 바티스타 정권
에 대항하기 위해 일단 멕시코 망명을 결정했다. 그곳에서 우연히
"미국 제국주의로부터 라틴아메리카를 해방하자!"고 외치는 아
르헨티나 출신의 청년 의사 에르네스토 게바라를 만났다. 이들은
운명적인 첫 만남 이래 의기투합해 평생 동지를 맹세했다. 카스트
로와 체'나의'라는 어원을 가진 스페인어 감탄사로, 게바라의 애칭 게바라라는 황금
콤비의 탄생이었다.

그림 9는 1967년 볼리비아에서 게릴라부대를 지휘하던 게바라
가 정부군에게 사살당한 다음 해인 1968년 쿠바에서 발행된 체
게바라 추모우표다. 붉은 글씨로 쓰인 '영원한 승리의 그날까지
HASTA LA VICTORIA SIEMPRE'는 카스트로와 게바라가 즐겨 외치던 구호다.

카스트로는 멕시코에서 반정부단체 'M267월 26일 운동'을 조직하

그림 9

그림 10

고, 쿠바 상륙에 필요한 자금 조달과 군사훈련에 들어갔다. 1956
년 12월, 82명의 동료와 함께 요트 '그란마호'를 타고 쿠바로 향
했다. 그러나 카스트로의 쿠바 상륙 정보를 사전에 입수한 바티
스타 정권에 의해 상륙하자마자 공군의 폭격으로 대다수가 목숨
을 잃었다. 산악지대인 시에라 마에스트라로 몸을 숨겼을 땐 겨우
17명뿐으로 그중 5명은 도중에 합류한 농민들이었다. 그림 10은
1965년에 발행된 혁명박물관 기념우표로 그란마호와 방향을 알
리는 선박용 나침반의 모습이 그려 있다.

　　시에라 마에스트라에 안착한 카스트로는 게릴라 전술을 사용
하며 전투를 계속했고, 쿠바 전역의 반독재 세력과 각지에서 몰
려온 지원군의 도움으로 서서히 세력을 넓혀나갔다. 1958년 초,
혁명군이 지배하는 지역에 토지 재분배가 실시되고 병원과 학교
가 세워졌으며, 신문까지 발행했다. 시에라 마에스트라는 혁명군
이 꿈꾸던 쿠바의 축소판이었다.

그림 11

그림 12

그림 13

1958년 8월, 체 게바라와 까밀로 시엔후에고스가 이끄는 2개 부대가 시에라 마에스트라를 떠나 바티스타 타도를 내걸고 진군하기 시작한다. 2개 부대가 쿠바 전체를 2개 전선으로 나눠 동시에 공격했으며, 12월 30일에는 중부 대도시 산타클라라 전투에서 승리했다.

미국은 바티스타 정권의 패배가 확실해지자 지원을 중단한다. 그리고 오랜 세월 독재정권을 유지하며 국민의 신뢰와 지지를 잃은 바티스타는 1959년 1월 1일, 도미니카공화국으로 망명한다. 다음 날 2일, 게바라가 이끄는 혁명군이 수도 아바나에 입성했다.

카스트로는 "진정한 혁명은 지금 바로 시작되었을 뿐"이라며 쿠바혁명의 승리를 선언했다.

그림 11부터 13은 1960년에 발행된 혁명 1주년 기념우표들이다. 그림 11에는 사령관 까밀로 시엔후에고스의 초상이, 그림 12에는 비행기와 탱크 등 압도적인 물리력에 맞서 싸워 이겼던 산타클라라 전투의 승리 장면이, 그림 13에는 혁명군의 아바나 입성과 그를 환영하는 시민 모습이 각각 그려 있다.

★ 우리도 미국을 꾹 참고 있다!

1959년 혁명과 동시에 발족한 임시정부는 바티스타 정권 시대의 교훈을 바탕으로 "군인은 정치에 개입하지 않는다"는 문민통제의 원칙을 내세웠다. 때문에 카스트로 등 게릴라부대의 주요 멤버는 정부에 참가하지 않았다. 대신 반바티스타 세력 중 변호사인 호세 미로 카르도나가 수상을, 판사인 마누엘 우루티아 레오가 대통령을 맡았다.

그렇다고 혁명정부 내에 카스트로를 포함한 게릴라부대의 세력이 약해진 것은 아니었다. 이들은 여전히 가장 강력한 발언권을 행사했다. 이를 보여주듯 1959년 1월 28일 발행된 혁명정부 발족 후 최초의 우표인 '해방의 날 1959년 1월 1일' 기념우표에는 쿠바 국기를 배경으로 무기를 든 게릴라부대의 병사가 그려 있다.

그림 14

그림 14는 '해방의 날 1959년 1월 1일' 기념우표가 붙어 있는 편지 봉투로, 아래쪽에 쿠바에서 추방당한 바티스타의 우스꽝스러운 모습이 보인다.

카스트로 세력이 혁명정부를 장악하는 것은 시간문제였다. 1957년 1월 17일 호세 미로 카르도나 수상이 취임한 지 불과 2주 만에 격양된 분위기 속에서 급진적 개혁을 요구하는 세력과의 대립으로 사임했다. 2월 26일, 카스트로가 수상으로 취임하며 쿠바 혁명정부의 실질적인 지도자로 올라섰다. 같은 해 7월 마누엘 우루티아 레오 대통령도 결국 사임을 표명했다.

혁명 초기에 카스트로는 자신을 사회주의자로 내세우지 않았다. '쿠바 민중을 가난에서 벗어나게 하고 행복한 삶을 선사하는 것'이 목표였기 때문에 미리 어떤 '주의'도 앞세우지 않았다. 이때

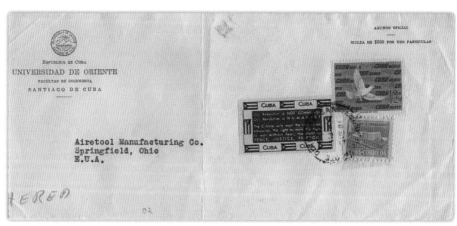

그림 15

만 해도 아직 미국과의 관계는 나쁘지 않았다.

그림 15는 혁명정부 초기 카스트로의 성향을 짐작할 수 있는 편지봉투다. 1959년 말에 미국 오하이오주의 스프링필드로 보낸 것으로, 우표와 함께 다음과 같은 내용이 담긴 라벨이 붙어 있다. "우리의 혁명은 공산주의가 아니다. 우리의 혁명은 인도주의다. 쿠바인은 단지 교육의 권리, 노동의 권리, 음식을 먹을 권리, 평화와 정의, 그리고 자유를 원할 뿐이다." 배송지에 도착하기까지 많은 사람의 손을 거친다는 점에 주목해 정치적 주장을 분명히 밝히는 미디어의 하나로 우편물을 이용한 것이다.

이처럼 혁명의 정당성을 알리는 라벨을 제작해 외국으로 보내는 우편물에 부착하는 등 카스트로 혁명정부는 자신들의 혁명을 국제사회, 특히 미국으로부터 인정받기 위해 노력했다. 그러나 쿠

그림 16

바 민중의 가난을 끝장내려면 쿠바에 이해관계를 가진 미국 자본가들이 어느 정도 피해를 감수해야만 했다. 카스트로 정권이 내걸었던 혁명 공약 중에 소작인을 위한 토지개혁과 부정부패로 모은 재산 몰수가 있는데 이런 정책들은 미국 자본가들의 손해로 이어졌다. 당시 쿠바의 농경지 중 70%가 외국인 소유였으며, 그중 대부분이 수만 헥타르에 달하는 농지들을 소유하고 있던 미국인들이었다

1959년 5월 17일, 혁명정부는 제1차 농지개혁법을 공포하고 토지 소유를 최대 4백 헥타르로 제한하는 한편 외국인의 농장경영 금지 등을 법률에 포함해 쿠바 내 미국 자본의 독점을 와해시켰다. 또한 1959년 10월에는 미국의 이권을 폐기하고 미국 자본이 착취하는 것을 제한했으며, 1960년에는 미국계 기업의 자산을 국유화했다.

그림 16은 제1차 농지개혁법이 실시되기 직전인 1959년 5월 7일에 발행된 농지개혁 선전우표로 농지개혁 비용을 모으기 위해

기부금이 추가되어 발행되었다. 원래는 2페소짜리 우표지만 '+1' 페소를 더해 3페소에 판매하고, 그중 1페소가 농지개혁을 위한 비용으로 쓰이는 것이다. 우표 내용은 '공업을 지지하는 농업'이 라는 테마에 맞추어 디자인되었다. 피노스섬 유배 당시 쓴 옥중 수기에 의하면, 카스트로는 토지개혁이 성공하면 쿠바 경제가 자 연스레 성장궤도에 오를 것으로 예상했다. 위 우표에는 이러한 낙 관적인 판단이 반영되어 있다.

혁명정부 초기만 해도 느긋하게 사태를 관망하던 미국은 농지 개혁이 실시되고 여러 부문에서 독점적으로 갖고 있던 이권들이 폐기되자 혁명정부에 강력하게 항의한다. 카스트로가 이를 거부 하자 미국은 혁명정부를 압박하기 위해 경제봉쇄를 단행했다. 먼 저 쿠바에서 생산한 설탕의 수입량을 줄였고 석유를 비롯한 수 출품의 양도 제한했다. 8월 이후에는 융자를 정지하는 등 본격적 인 경제제재가 시작되었다.

미국과의 신경전이 심각해질수록 카스트로 혁명정부는 필연 적으로 '적의 적'인 소련을 비롯한 사회주의 국가들과 가까워졌 다. 특히 소련은 미국이 수입하지 않는 설탕 전량을 자기네가 수 입하겠다고 나섰다. 1959년 6월부터 해외 순방을 떠난 게바라는 소련에서 50만 톤의 설탕 구입 계약을 비롯해 5년간에 걸쳐서 매 년 50만 톤의 설탕과 석유, 밀 등을 교환하는 계약을 체결했다. 이어 1960년 2월 소련의 아나스타시 미코얀 부수상이 쿠바를 방 문해 쿠바의 연간 원유 소비량의 3~5%를 부담하고 1억 달러 상당의 장기원조를 제공하는 등의 약속을 하고 돌아갔다.

사실 1959년 쿠바혁명이 일어나기 전까지 미국의 앞마당인 라틴아메리카에서 소련과 외교관계를 맺는 것은 물론 경제관계를 가지는 것조차 금기시되는 일이었다. 때문에 소련은 쿠바가 사회주의 국가로 탈바꿈하지 않더라도 '라틴아메리카는 미국의 앞마당'이란 생각에 구멍을 낼 수 있다면 그것으로 충분했다. 소련의 입장에서 쿠바 원조는 소련이 활용할 수 있는 최고의 카드였기 때문이다.

쿠바와 소련이 점점 친밀한 관계를 쌓아가자 미국은 신경질적으로 대응하기 시작한다. 그리고 마침내 쿠바가 '빨갱이'가 되었다고 판단하고 카스트로 혁명정부를 붕괴시키기 위해 강력한 봉쇄정책을 펼쳤다. 1960년 2월에 쿠바로부터의 과실 수입을 전면 금지하고, 7월에는 쿠바 최대의 수출품인 설탕을 전면 수입하지 않겠다고 선언한 것이다. 그러나 설탕 수입 금지는 소련이 쿠바가 손해를 보는 물량만큼 국제가격으로 매입하겠다는 의사를 밝히면서 기대했던 효과를 얻지 못했다. 오히려 카스트로 혁명정부는 미국을 도발하듯 "우리나라가 위협받는 일이 생긴다면 소련의 호의를 받아들이는 것만이 유일한 길이다"라는 성명을 발표한다. 그러자 미국은 경제봉쇄만으로는 쿠바를 되돌릴 수 없음을 깨닫고, 아예 무력으로 쿠바를 뒤집어야겠다고 결심한다.

8월 16일, CIA에 의한 카스트로 암살 계획이 실행에 옮겨졌지만 실패한다. 시가를 즐겨 피던 카스트로에게 독극물이 든 시가를 전달했는데 들통나고 만 것이다. 다음 날인 17일, 미국은 모든 미국 상품의 쿠바 수출 금지령을 발표했다. 이에 카스트로는 쿠바 내 미국인들의 모든 재산을 국유화하는 한편 중국과의 국교 수립, 소련과의 경제관계 강화로 화답했다.

아이젠하워 정권 말기 CIA는 친미 성향의 쿠바인들을 주축으로 쿠바 본토를 공격하는 계획을 세우기까지 했다. 그리고 케네디가 대통령으로 당선된 직후인 1961년 4월, 실행에 옮긴다. 그 유명한 '피그만 침공사건'이다.

1961년 4월 15일, 니카라과에서 날아오른 B26 전투기가 쿠바를 공중 폭격했고, 그 결과 샌안토니오 볼라뇨스와 산티아고 데 공군기지를 비롯해 수도 아바나의 주택지역, 병원 등에서 많은 사망자가 나왔다. 처음에 미국 정부는 "이번 폭격은 미국 망명을 희망하는 예전 쿠바 공군에 의한 것"이라며 미국의 개입 여부를 부인했다. 그러나 관련자들의 고백이 잇따르면서 곧바로 진상이 밝혀졌다. 미국이 침공에 깊숙이 관여하고 있다는 사실이 명확해진 것이다.

이 사실에 분노한 카스트로는 4월 16일에 "진주만을 공격할 때, 최소한 일본 정부는 공격하지 않았다는 거짓말은 안 했다"며 미국을 맹렬히 비난했다. 이어 "쿠바혁명은 사회주의 혁명"임을 선언하며 미국과의 대립을 분명하게 표명한다.

국제사회의 비난을 염려한 케네디 대통령은 폭격을 중지하도록 군과 CIA에 명령했다. 그러나 쿠바의 군사력을 과소평가하며

그림 17

그림 19

그림 18

사태를 낙관하던 미군과 CIA는 처음 각본대로 4월 17일, 미국으로 망명한 1천5백 명의 쿠바인을 피그만에 상륙시켜 쿠바 본토를 공격하게 했다. 그러나 이 침공작전은 쿠바군의 기민하고 치밀한 대응과 막판 미 공군의 지원 부족으로 단 사흘 만에 진압되고 만다. 사건이 종결되자 카스트로는 연설을 통해 승리를 자축하고 다시 한 번 미국을 강하게 비난했다. "케네디는 미국 해안에서 160킬로미터도 채 떨어지지 않은 곳에 사회주의 혁명이 일어나는 것을 절대 허락할 수 없다고 하지만, 우리도 가까이에 자본주의 국가가 있는 것을 꾹 참고 있다. 아무리 큰 국가라도 작은 국가와 문제를 해결하려고 무력을 행사할 권리는 없다."

쿠바 혁명정부와 국민에게 피그만 침공사건의 승리는 빛나는 일이었다. 때문에 1962년 발행된 **그림 17**의 피그만 침공사건 승전 1주년 기념우표를 시작으로 매년 다양한 종류의 기념우표를 발행했다. **그림 18**의 쿠바군의 공격을 받고 쓰러지는 반혁명 세력과 쿠바를 지지하는 라틴아메리카의 민중을 담은 혁명 10주년 기념우표, **그림 19**의 미국을 상징하는 독수리를 총으로 쏘아 떨어뜨리는 디자인으로 승리를 표현한 피그만 침공사건 3주년 기념우표 등은 당시의 반미감정을 극명하게 드러내는 대표적인 우표다.

★ 쿠바에서 손을 떼라

카스트로 정권이 피그만 침공사건을 무사히 막아내긴 했지만 아직 미국의 위협에서 완전히 벗어난 것은 아니었다. 미국이 아니라도 쿠바 내에 여전히 기존 지배계급을 중심으로 반혁명 세력이 뿌리 깊게 존재했기에 무엇보다 군사력 강화가 시급했다.

카스트로 정권은 '반미'를 공동의 기치로 내세운 소련에 무기 지원을 비롯한 군사원조를 요청했다. 소련 역시 라틴아메리카에서의 열세를 만회하고, 미국과 군사 균형을 이루려면 쿠바에 군사 거점을 확보할 필요가 있었다.

당시 소련은 1949년 9월 핵무기 실험에 성공하며 미국의 핵무기 독점을 무너뜨린 후, 1953년 8월 수소폭탄 실험도 성공한 상태였다. 또 1954년에는 미국 본토에 기습 공격이 가능한 장거리 폭격기 바이슨을 개발해 양산체제에 돌입할 계획을 세우고 있었다. 1957년 10월, 소련이 세계 최초로 인공위성 스푸트니크 1호를 발사해 지구궤도를 도는 데 성공한다. 인공위성 발사를 위한 로켓은 그 자체로 대륙간 탄도미사일 발사에 적용할 수 있었다. 다시 말하면 탄두에 인공위성 대신 핵무기를 탑재하면 지구상 어느 나라든 자유자재로 공격할 수 있는 것이다. 이처럼 소련이 미국보다 먼저 인공위성 발사에 성공했다는 것은 군사적인 면에서 중대한 의미였다. 이는 소련과 연대한 사회주의 국가의 입장에서도 마찬가지였다. 소련의 군사력이 미국보다 우위라는 사실은 동서 냉전시대에 매우 유리한 고지를 선점했다는 의미로 해석됐다.

그림 20은 당시 소련의 위성국이었던 북한이 스푸트니크 1호 발사 성공을 축하하며 발행한 우표다. 북한은 1957년 7월부터 1958년 12월까지 '국제 천문 관측의 해'로 정하고, 스푸트니크 발사 성공을 기리는 기념우표를 발행했다. 여기에는 소련의 인공위성 덕분에 '미국의 위협'에

그림 20

서 벗어난 것을 감사하는 의미가 담겨 있다.

그러나 미국이 1958년 1월에 인공위성 익스플로러 1호 발사에 성공하며, 양국 간 군사력 차이는 다시 대등해졌다. 당시 미국은 유럽·중동·동아시아에 위치한 사회주의 진영의 국가 하나를 점령하고, 언제든 소련을 핵무기로 공격할 수 있는 구도를 만들고자 했다. 1962년 4월, 흑해를 사이에 두고 소련과 인접한 터키에 중거리 미사일을 배치하며 소련을 위협한 것도 그러한 압박 전략 중 하나였다. 때문에 소련 역시 1962년 5월 24일, 소련제 무기를 지원하고 쿠바 군사력 강화를 도와주는 조건으로, 쿠바 내에 소련의 핵미사일을 배치하는 '아나디리 작전'을 계획한다. 소련은 모스크바를 방문한 게바라에게 '쿠바 방어와 국제사회의 사회주의 세력 강화를 위해'라는 대의명분을 내세우며 제안했고, 쿠바 정부는 비밀회의를 거쳐 5월 29일에 소련의 제안을 받아들였다.

6월 18일, 소련은 서둘러 중거리 핵미사일 R12를 실은 화물선을 쿠바로 보냈다. 미국이 새로운 쿠바 침공 계획 '쿠바 프로젝트', 일명 몽구스 작전을 10월에 시행할 거라는 정보를 입수했기 때문이다.

그림 21은 1962년 10월에 동독에서 발송된 우편물로 "쿠바에서 손을 떼라!"는 슬로건이 찍혀 있다. 미국의 쿠바 재침공 정보를 입수한 사회주의 진영이 국제사회의 여론을 환기시키려고 했음을 알 수 있다.

소련과 쿠바의 '아나디리 작전'은 순조롭게 진행되어 162기의

그림 21

핵탄두를 들여오는 데 성공했다. 그러나 1962년 10월 14일, 미국의 정찰기 U2에 의한 공중촬영으로 핵탄두와 미사일 발사대가 발각되고, 16일 케네디 대통령에게 보고됐다. 이른바 '쿠바 미사일 위기'의 막이 오른 것이다. 쿠바에 소련제 중거리 미사일이 배치되면, 미국의 주요 도시 대부분이 사정권에 포함되었다. 때문에 케네디 대통령은 즉각 국가안전보장집행위원회를 설치하고 대응태세에 들어갔다.

이어 10월 22일 쿠바에 대해 해상봉쇄 조치를 취하고, 전국에 방송되는 텔레비전 연설을 통해 처음으로 소련이 쿠바에 핵무기 공격기지를 건설하고 있음을 밝힌다. "쿠바에 대량의 핵무기를 배치하는 것은 미국의 평화와 안전에 대한 명백한 위협 행위다. 우

리는 불필요한 핵전쟁의 위험을 무릅쓸 생각은 없지만, 필요하다
면 그 위험까지 감수할 생각이다."

그림 22는 쿠바 미사일 위기에 맞추어 미국에서 발행된 기념
품이다. 케네디 대통령의 텔레비전 연설을 기념하는 소책자로 표
지에 케네디 대통령의 사진과 다음과 같은 말이 인쇄되어 있다.
"쿠바에서 미사일 기지를 발견했다. 때문에 미국은 쿠바에 대해
무력을 동반한 해상봉쇄를 발동했다. 케네디는 소련과의 전쟁을
준비하라!" 또한 사진 설명으로 케네디 대통령은 쿠바에 미사일
기지가 설치되지 않도록 모든 조치를 취하겠다고 밝혔다는 내용
을 덧붙였다. 소책자 안쪽에는 쿠바 내 군사시설 배치도와 '우리
의 최후통첩'이라는 제목의 글이 게재되어 있다. 아래엔 연설 다
음 날인 10월 23일의 소인이 찍힌 우표가 붙어 있다.

당시 미국에서는 역사적으로 큰 사건이 일어나면 편지봉투나
소책자 등에 우표를 붙이고 그날의 소인을 찍어 기념품으로 판매
하는 게 유행이었다. 일반 시민은 조만간 닥칠지도 모를 핵전쟁으
로 공포에 떨고 있는데, 그 와중에 기념품을 제작해 판매하는 장
사꾼들의 상술이 놀라울 따름이다.

미국이 강경하게 나오자 소련은 핵전쟁을 피하면서도 유리한
조건을 얻어내고자 '주고받기' 협상을 제안했다. '아나디리 작전'
을 포기하는 조건으로, 미국이 쿠바를 침공하지 않겠다는 공개
약속과 함께 터키에 배치된 미군의 미사일 기지를 철거하라는 내
용이었다. 이때 카스트로는 소련에 "미국이 쿠바 본토를 공격하

U.S. IMPOSES ARMS BLOCKADE ON CUBA ON FINDING OFFENSIVE-MISSILE SITES; KENNEDY READY FOR SOVIET SHOWDOWN

ANNOUNCES HIS ACTION: President Kennedy speaking to the nation last night on radio and television. He told of moves to keep offensive equipment away from Cuba.

그림 22

AREA OF CRISIS—The Caribbean area, and the quarantined Soviet Cuba.

OUR ULTIMATUM

President Kennedy, in a momentous decision that may be interpreted as a hostile act by the Soviet Union, last night ordered a blockade of offensive weapons bound for Cuba.

With American warships already steaming eastward into the Atlantic to meet oncoming Soviet vessels and to enforce the blockade, East and West were suddenly confronted with perhaps the direst crisis of the nuclear age.

In a historic 17-minute televised speech from the White House, starting at 7 p. m., Mr. Kennedy declared:

"All ships of any kind bound for Cuba from whatever nation or port will, if found to contain cargoes of offensive weapons, be turned back."

기 전에 먼저 중거리 미사일을 발사해 미국을 공격해버리자"고 요청하지만, 흐루시초프 공산당 서기장이 원하던 것은 전쟁이 아니었다. 결국 '쿠바 미사일 기지와 터키 미사일 기지의 교환'으로 사태가 일단락되고, 10월 28일 소련이 미사일 철거를 선언하면서 인류는 가까스로 핵전쟁 위기에서 벗어날 수 있었다.

★ 중소 대립과 반미의 분열

쿠바를 둘러싼 미사일 위기는 전 세계에 '핵전쟁 방지'라는 공통 과제를 안겨주었다. 미국과 소련은 1963년 핫라인을 개설하는 등 긴밀한 관계를 유지했다. 반면 사회주의 진영에는 분열을 가져왔다. 표면상으론 소련이 일방적으로 쿠바에서 철수하는 등 양보한 것처럼 보였기 때문이다. 실제로는 미국도 터키 기지 등 몇 가지 사안에서 양보했지만 나중에야 밝혀졌다.

1953년에 독재자 스탈린이 사망하자 소련공산당 서기장으로 임명된 흐루시초프는 1956년 2월 열린 공산당대회에서 스탈린을 비판한다. 스탈린 시대에 대한 국민의 불신과 불만을 현 정부에 대한 지지로 바꾸려는 의도였다. 그러나 스탈린이 통치하던 시기 그의 입김에 따라 정권을 세운 다른 사회주의 국가들에게 급작스런 '스탈린 비판'은 실망과 혼란을 불러오기에 충분했다.

또한 흐루시초프는 미국과의 승산 없는 전쟁을 피하고자 동

그림 23

서 긴장 완화를 추구하는 '공존외교'를 내세웠다. 이것도 중국을
비롯한 아시아의 사회주의 국가가 보기엔 '변절'이나 다름없었다.
중국은 미군과 치열한 전투를 벌인 한국전쟁에서 벗어난 지 불과
3년밖에 되지 않았고, 아시아의 또 다른 사회주의 국가인 북베트
남과 북한도 냉전의 최전선에서 미국 제국주의 위협을 고스란히
받고 있었기 때문이다.

　이때부터 중국은 '수정주의' 노선을 걷는 소련과 일정한 거리
를 두기 시작했다. 1957년 11월 모스크바에서 열린 세계 공산
당·노동자당 대표자회의에서 마오쩌둥은 "동풍은 서풍을 압도"
"미국 제국주의는 종이호랑이" 등 미국을 자극했고, 이후 중소논
쟁도 점점 가속화됐다. 아시아 사회주의 국가들 또한 쿠바 미사
일 위기의 결말을 눈앞에서 확인한 후, 소련을 향한 실망감을 감
추지 않았다. 이들은 소련의 '수정주의'와 거리를 둔 채 쿠바의 반
미투쟁을 지원하였다.

　그림 23은 아직 쿠바 미사일 위기의 기억이 생생하던 1963년 1

그림 24

월 1일에 중국이 발행한 '쿠바혁명 4주년 기념우표' 시리즈다. 혁명 기념일을 앞두고 중국과 쿠바 양국 간의 우호를 강조하고 있다. 특히 총을 든 카스트로의 모습을 크게 그린 우표를 통해 미국에 맞서는 전사로서 카스트로를 영웅시하고 있음을 알 수 있다. 그림 24는 중국이 1964년 1월 발행한 쿠바혁명 5주년 기념우표다. 양국 국기를 나란히 보여줌으로써 쿠바와 중국이 반미 전선에 함께 선 동료임을 이야기하고 있다.

그림 25와 26은 각각 1963년과 1965년에 북베트남이 발행한 우표다. 그림 25는 피그만 침공사건을, 그림 26은 쿠바공화국 6주년을 기념하며 양국 우호관계를 선전하고 있다. 특히 26의 우표는 베트남을 상징하는 대나무와 쿠바를 상징하는 야자나무를 함께 그린 후 두 나라의 국기가 펄럭이는 모습을 담았다. 두 우표 모두에 카스트로의 모습을 담았는데, 자신들과 마찬가지로 미국 제국주의와 싸우는 동지로서 쿠바의 카스트로 정권을 얼마나 호의적으로 평가했는지 엿볼 수 있다.

쿠바도 아시아 사회주의 국가들과의 우호관계를 선전하는 일련의 우표를 발행해 아시아에서 온 호의에 답했다. 그림 27은 중

그림 25

그림 26

그림 27

그림 28

그림 29

국과의 우호관계를 선전하는 우표이며, 그림 28은 북베트남과의 우호관계를 선전하며 남북 베트남의 통일을 기원하고 있다. 한편 쿠바는 중국을 너무 추종하다 소련과 관계가 틀어질 것을 우려했다. 소련으로부터 받는 경제적 도움이 너무 컸기 때문에 '수정주의 비판' 같은 건 내색도 할 수 없었던 것이다.

그림 29는 1963년 발행한 우표로 소련의 우주비행사 유리 가가린이 보인다. 당대 최고 수준이던 소련의 우주과학기술을 찬양하면서 우표 발행으로 외교 균형을 맞추려 한 것이다. 나중에 문화대혁명으로 급진주의가 득세한 중국은 이러한 쿠바의 외교 균형에 대해 소련의 수정주의 노선과 동일한 수법이라며 공격했다. 이후 쿠바와 중국의 관계는 제3세계 혁명에 대한 주도권을 두고 서로 대립하기까지 하는 등 불편해지기 시작했다.

동서 냉전의 최전선에서 미국과 대치하던 북한은 어떠했을까. 북한 역시 쿠바 미사일 위기의 결과에 경악했다. 언제든 소련이 미국과 타협하며 자신들을 버릴 수 있다는 것을 자각한 것이다. 북한은 쿠바 미사일 위기가 수습된 직후인 1962년 12월에 국방력 강화를 주목적으로 '4대 군사노선'을 채택하며 소련의 영향에서 벗어난 '자주외교'를 모색하기 시작했다.

그림 30은 북한이 1971년 8월에 발행한 것으로 전 세계의 반미 투쟁을 찬양하는 우표 시리즈 중 하나다. "꾸바혁명의 전취물을 수호하자!"는 슬로건과 함께 총을 둔 혁명군과 무기 등이 그려 있다. 배경인 라틴아메리카 지도에서 쿠바 지역에 빛을 묘사함으

그림 30

로써 라틴아메리카에 혁명의 영감을 불러 일으킨 쿠바혁명을 다시 한 번 강조하고 있다.

한편 쿠바 역시 소련으로부터 계속 경제원조를 받기는 했지만 미사일 위기 이후 소련을 불신하기 시작했다. 사회주의 진영의 관점에서 벗어나 제3세계 국가로서 소련을 바라보며, 스스로 세계 민족해방운동의 기수로 지칭하고 나섰다. 심지어 쿠바는 '혁명 수출국'을 자처하며 앙골라, 에티오피아, 그레나다 등 제3세계의 혁명정부를 지원하기 위해 군대를 파견하기까지 했다.

스탈린 비판과 미국에 대한 대응 등을 놓고 사회주의 진영이 분열됨에 따라, 그들을 하나로 단결시킨 '반미' 또한 각각의 사정과 명분에 맞추어 다양한 형태로 변주되기 시작했다. 반미 투쟁의 상징이었던 쿠바는 또한 사회주의권의 단결과 분열의 역사를 상징하는 계기가 되었다.

Ⅱ

파란만장,

반미의 세계사

5. 반미라는 시대정신의 기원 _ **소련**

6. 미국은 어떻게 제국주의 국가가 되었을까? _ **필리핀**

7. 동맹과 적대, 다시 동맹으로, 애증의 미일사 _ **일본**

8. 세계 제국 미국의 아랍 희롱기 _ **이라크**

5

반미라는
시대정신의 기원

소련

★ 소련, 처음부터 반미는 아니었다

제1차 세계대전이 한창이던 1917년 11월, 제정 러시아에서 세계 최초로 사회주의 혁명이 일어나 소비에트 노농임시정부, 일명 볼셰비키 정권이 출범한다. 20세기를 미국과 함께 나누어 가진 '소비에트사회주의공화국연방이하 소련'이라는 국가가 탄생하는 순간이었다.

당시 서구의 산업화된 나라들에서는 사유재산제도와 계급질서를 부정하고 무신론을 내세운 마르크스주의자들이 자본주의 체제에 맞서 사회주의 혁명을 외치고 있었다. 다른 유럽 국가에 비해 산업화와 민주주의 발전 정도가 더디고, 차르와 귀족에게 강력한 힘이 집중된 계급사회였던 러시아에서 사회주의 혁명이 일어나자 세계는 충격에 휩싸였다. 혁명 직후인 1917년 12월, 볼셰비키 정권은 제정 러시아의 채무를 일방적으로 파기하고 이듬해인 1918년 3월에는 무병합 및 무배상의 원칙을 내걸고 독일과 단독 강화조약을 체결했다. 전쟁은 자본가들의 배만 불릴 뿐이며 피해는 오롯이 민중에게 돌아온다는 것이 종전을 결정한 이유였다.

1918년 5월, '체코군단'이 시베리아의 첼랴빈스크에서 반란을 일으키는 사건이 발생한다. 제1차 세계대전 이전 오스트리아의 지배하에 있던 체코는 독일·오스트리아군의 일원으로 전쟁에 참가해 제정 러시아군과 싸우고 있었다. 그러나 오스트리아에 아무런 충성심이 없던 체코 군인 중 다수가 전선을 이탈해 '적의 적'인 러시아에 투항했다. 때문에 러시아는 이들 귀순병들을 모집해 체코군단을 조직하고 독일·오스트리아군과 전투를 치르게 했다. 그 수가 무려 15만 명에 육박했다. 이런 배경 속에서 체코군단은 볼셰비키 정권이 독일·오스트리아와 단독으로 강화조약을 체결하자 독일의 꼭두각시 정권이라고 비난하며 반란에 나선 것이다.

볼셰비키 정권은 체코군단에 반란을 접고 무장해제를 요구하였으나 체코군단이 이를 거절하면서 전투가 벌어졌다. 그렇지 않아도 사회주의를 표방하는 볼셰비키 정권에 적의를 드러내며 내정 간섭을 시도하던 서구 자본주의 열강들은 개입할 명분을 찾자 바삐 움직였다. 영국과 프랑스가 주도적으로 나서 미국, 일본, 이탈리아, 캐나다, 중국을 포괄하는 연합군을 조직해 '체코군단 구

그림 1

출' 명목으로 러시아로 떠났다. 이른바 '시베리아 출병'이다.

그림 1은 1919년 9월 시베리아 크라스나야레츠카 포로수용소에서 체코군단의 병사가 보낸 엽서로 '크라스나야레츠카 포로수용소 검열 완료'라는 일본어 소인을 통해 당시 일본군의 관리하에 있었음을 알 수 있다. 엽서 가장자리에는 "우리를 가족의 품으로 되돌려주세요" "붙잡힌 우리를 구출해주세요" 같은 문장이 영어, 프랑스어, 독일어로 각각 적혀 있다. 체코군단 구출의 대의명분을 전 세계에 강조하기 위해 탄생한 문장이다. 덧붙여 포로 처우를 규정하는 '제네바조약'에 따라 우표는 붙어 있지 않다. 포로에게 돈을 내라고 할 수는 없지 않은가.

하지만 1919년 11월에 제1차 세계대전이 끝나면서 체코군단

그림 2

구출의 명분도 동시에 사라진다. 체코군단이 적으로 상정한 독일
과 오스트리아가 패전했기 때문이다. 그렇지만 영국과 프랑스 등
연합군은 시베리아에서 철수하는 대신 시베리아 각지에서 볼셰
비키 정권에 저항하며 싸우던 백군기존 러시아의 지배계급인 부르주아와 지주 등
의 반혁명 세력을 지원하기 시작했다. 백군은 지역민들을 약탈하고 폭
력적인 지배를 일삼는 등 민심을 잃고 볼셰비키 정권의 적군에
계속 패퇴했다. 결국 연합군 세력은 백군에 대한 지원을 포기하
고 1919년부터 철수를 시작, 최종적으로 일본군이 1922년에 철
수하며 시베리아 출병은 별 성과 없이 끝난다.

그림 2는 소련에서 1920년대 중반에 제작된 선전엽서다. 내전
당시 백군의 지도자들인 데니킨, 콜차크, 유데니치 등을 미친개

로 표현하고 그 뒤로 미국, 영국, 프랑스 각국 국기가 새겨진 모자를 쓴 남성 셋을 그려 넣었다. 소련 내정에 간섭하며 백군의 꼭두각시 정부를 지원한 연합국을 풍자하고 있다.

미국은 시베리아 출병에 참가하긴 했지만 영국이나 프랑스, 일본처럼 반혁명 세력을 적극 지원하거나 노골적인 간섭전쟁을 펼치지는 않았다. 비교적 객관적인 자세를 유지한 것이다. 물론 시베리아 출병은 그것 자체로 역사적 사실이기 때문에 위의 엽서처럼 미국 역시 영국이나 프랑스를 비롯한 다른 제국주의 국가와 마찬가지로 비난을 감수해야 했다.

흥미로운 것은 1920년대 초만 해도 볼셰비키 정권이 서구 자본주의 열강 가운데 미국을 비교적 '괜찮은 나라'로 인식했다는 점이다. 극동공화국과 관련된 아래 일화를 통해 그 사실을 확인할 수 있다. 극동공화국은 볼셰비키 정권이 1920년 4월, 시베리아에 주둔하던 일본군과의 사이에 완충국으로 세운 국가다. 그림 3처럼 볼셰비키 정권과 다른 독자적인 우표까지 발행했으나, 1922년 10월 일본군이 철수하면서 존립 이유가 사라지자 같은 해 12월 수립된 소련에 흡수되며 사라졌다.

극동공화국은 혁명정부에서 공산당 국제부 동양부장을 역임

그림 3

한 알렉산드르 크라스노쉐코프에 의해 수립됐다. 크라스노쉐코프는 제정 러시아 시대였던 1902년 미국으로 망명해 공부하고 혁명 후에 귀국한 인물이다. 극동공화국 수립 후에는 수상을 맡았으며, 미국의 지원으로 경제 자립을 도모하고자 1921년에 미국으로 경제사절단을 파견하기도 했다.

그러나 1921년 5월, 블라디보스토크에서 구 백군 세력이 반란을 일으켜 반공산주의 정권을 수립한다. 극동공화국은 일본이 사주한 것으로 판단하고 거세게 항의했다. 모스크바의 볼셰비키 정권 또한 영국, 프랑스, 이탈리아에 일본의 '폭동'을 비난하는 진정서를 보냈지만 미국에는 보내지 않았다. 미국이 그런 반혁명 움직임에 적극적으로 동조하지 않을 거라고 판단했기 때문이다.

미국에 대한 호감에는 원조 덕분도 있다. 혁명 후 혼란기에 볼셰비키 정권이 실시한 전시공산주의 때문에 소련은 1921년부터 23년까지 심각한 식량난을 겪었다. 이때 미국은 인도적인 차원에서 하버트 후버 상무장관을 책임자로 임명해 대량의 원조물자를 보냈다.

그림 4는 미국 구원물자관리국 러시아본부가 미국인들에게 러시아 원조에 대한 협조를 요청하는 엽서다. 영문으로 러시아에서 구원물자관리국의 식량원조 활동을 소개하고, 해당 날짜까지 식량을 러시아로 보내는 신청서를 제출하라는 문장이 적혀 있다. 이어 러시아의 어려운 식량 사정을 강조한 후 다시 한 번 미국인들의 협조를 구하는 문장으로 마무리했다. 소인의 지명은 읽을

The AMERICAN RELIEF ADMINI-
STRATION is delivering packages
of American foodstuffs from its
many warehouses in RUSSIA.
Write to the

American Relief Administration

Russian Food Remittance Department,
42 Broadway, New York City,

and ask for an Application Form
for food remittances. In this way
you can provide us with packages
containing American Foodstuffs.

WE ARE IN GREAT NEED
OF FOOD IN RUSSIA.
HELP US IN OUR DISTRESS!

U. S. of America.

그림 4

수 없으나, 뒷면에 적힌 주소를 통해 흑해 연안의 우크라이나에서 보낸 것을 알 수 있다.

미국은 당시 구원물자관리국의 지도 아래 식량지원을 요청하는 엽서를 대량으로 배포했다. 영문 내용은 엽서마다 조금씩 차이는 있으나 배송 도중 가능하면 많은 이들의 눈에 띌 수 있도록 앞면에 인쇄했다. 뒷면에도 러시아어로 같은 내용을 적었다. 우편물 자체를 캠페인 미디어로 활용한 대표적 예라고 할 수 있다. 미국 구원물자관리국은 러시아에서 1923년까지 지원활동을 펼쳤으며, 이후 소련 정부는 감사의 뜻을 전하고자 후버 상무장관에게 감사패를 증정하기도 했다.

그림 5

　한편 이 엽서에는 1921년에 볼셰비키 정권이 발행한 1,000루블짜리와 1922년에 발행한 5,000루블짜리 우표가 각 하나씩 붙어 있다. 우편요금이 합계 6,000루블. 5,000루블짜리 우표는 급격한 인플레이션 탓에 1921년에 발행한 2,000루블짜리에 새 가격만 추가로 인쇄한 임시우표다. 1917년 혁명 이전에 10루블이 가장 높은 금액이었던 것을 감안하면 혁명 후 혼란기에 물가가 얼마나 많이 올랐는지 짐작할 수 있다.

　그림 5는 1923년 8월에 모스크바에서 개최된 제1회 농업기능 전람회의 기념우표 중 하나로 미국 포드슨사의 트랙터가 크게 그려 있다. 포드슨은 미국 자동차업계의 제왕인 헨리 포드의 아들이 경영한 포드 계열사로, 세계 최초로 농업용 트랙터를 대량 생산한 기업이다. 포드슨의 트랙터는 포드의 T형 자동차와 함께 고품질, 저가격으로 전 세계를 석권했다. 1926년에 소련의 정치 지도자 중 하나인 트로츠키가 발표한 논문 〈사회주의인가, 자본주의인가: 소비에트 경제와 그 발전 경향 분석〉에서도 이 포드슨 트

랙터의 우수성을 언급할 정도였다. 혁명의 혼란에서 가까스로 벗어나는 가운데, 자국 농업을 선전하려고 개최한 전람회의 기념우표에 외국의 트랙터를 그렸다는 점에서 당시 소련이 미국을 어떻게 바라보았는지 충분히 짐작할 수 있다. 그것도 미국 자본주의의 상징인 포드 계열사의 제품을 선택하다니, 동서 냉전시대라면 생각조차 할 수 없는 일이다. 서로 맹목적으로 적대하고 증오하는 냉전은 아직 먼 뒷날의 일이었다.

★ 자본주의 비판: 악마에 영혼을 판 포드

그러나 소련이 아무리 미국을 호의적인 시선으로 본다고 해도 더 중요한 건 미국이 소련의 사회주의 정권과 거기 동조하는 자국과 유럽의 사회주의 세력을 끔찍한 존재로 여겼다는 사실이다. 소련과 사회주의자들은 언제 미국과 자본주의의 발뒤꿈치를 물지 모르는 뱀과 전갈 같은 존재로 취급됐다. '자유'를 최고 가치로 섬기는 미국인에게 있어 '통제와 평등'을 지향하는 사회주의는 결코 용납할 수도, 가까이 가서도 안 되는 존재였다. 특히 영국 국교회의 박해를 피해 종교의 자유를 요구하며 영국을 탈출한 청교도들에게 있어 '종교를 민중의 아편'으로 규정하고 배척하는 사회주의자들의 유물론 철학은 죄악이나 다름없었다. 지금도 미국 공립학교는 아침 조회시간이면 이른바 '충성의 맹세'를 한다. "우리는 하나님 아래 하나의 나라이며 나누어질 수 없습니다. 자유와 정의의 나라, 공화국에 충성을 맹세합니다." 그만큼 미국은 '자유'와 '종교'를 소중하게 생각했다.

사회주의는 제1차 세계대전 후의 혼란을 틈타 빠른 속도로 세력을 확장하며 1년 이내에 서구 각국에도 혁명이 일어나 자신들이 승리할 거라는 확신에 차 있었다. 실제로 미국도 전쟁의 여파로 경기불황이 심해지면서 노동자 파업이 잇따라 발생했다. 게다가 파업 대부분이 임금인상이나 노동환경 개선보다 산업 국유화를 요구하는 게 목적이었다. 매일 같이 미디어에서 흘러나오는 파업 소식을 접하며 미국인들은 사회주의 혁명이 미국에도 상륙할지 모른다는 두려움에 휩싸였다.

그렇게 불안감이 높아지는 가운데 1920년, 법무장관 미셸 팔머는 급진주의자의 대량 체포를 시작했다. 이른바 '팔머의 습격'이다. 공산당원과 노동운동 활동가들을 비롯해 약 1만 명이 체포되었고, 수천 명의 이민자가 국외로 추방되었다. 공산당을 위시해 미국 내 사회주의 세력과 노동운동가들은 지하로 들어가 숨을 죽였다. 당시 급진주의자의 대량 체포를 지휘한 팔머의 보좌관이 훗날 연방수사국 국장으로 매카시즘 광풍을 이끈 에드거 후버다.

소련은 미국의 반공주의가 자신들을 경계하며 세력을 키우자 이를 풍자하고 비판하는 일련의 선전엽서를 발행했다. 그림 6은 1920년대 말부터 1930년대 초 사이에 제작된 엽서로, 자본가로 보이는 풍채 좋은 남자가 미국의 국회의사당을 껴안은 장면을

그림 6

그림 7

희극적으로 담았다. 일반 국민의 희생을 강요하는 한편 자본가와 결탁한 미국 의회를 풍자함으로써 미국형 민주주의의 기만과 폐단을 비판한 것이다.

비슷한 시기에 발행된 **그림 7**의 엽서는 미국 자본주의의 상징적 존재인 포드사를 비난하고 있다. 죽음의 신이 운전하는 포드 자동차에 올라탄 헨리 포드의 캐리커처를 그려 넣어 '악마에 영혼을 판 포드'를 조롱하는 내용이다.

당시 포드사는 조립라인 방식에 의한 대량 양산체제인 포드 시스템을 확립하고, 1908년 발매한 T형 자동차가 부동의 베스트셀러가 되면서 세계 최대의 자동차 제조회사로 성장해 있었다. T형 자동차는 1927년까지 1,500만대가 넘게 판매되며 '세기의 자동차'로 선정될 만큼 높은 평가를 받았다. 그러나 포드사는 기계화와 분업에 의한 생산성 향상만을 목표로 한 탓에 무자비한 자본가라는 악명도 함께 따라다녔다. 찰리 채플린이 1936년 영화 〈모던 타임즈〉에서 포드 시스템을 통렬히 풍자한 것처럼 포드사는 노동자의 인간성을 크게 훼손시킨 기업의 대표격이었다. 앞서 본 제1회 농업기능전람회 기념우표에서는 찬양 대상이었지만, '노동자의 나라' 소련에 있어 인간성이 결여된 포드 시스템은 결국 비판 대상일 수밖에 없었던 모양이다.

1929년 10월, 전 세계에 걸쳐 경제공황이 발생하자 제1차 경제개발 5개년 계획이 한창이던 소련은 '불황 없는 계획경제'를 주장하며 자신들의 성과를 선전하기 시작했다. **그림 8**은 1932년에

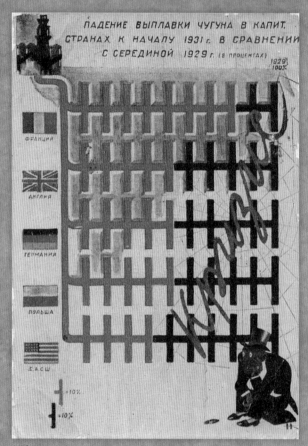

그림 8

제작해 미국은 물론 프랑스, 영국, 독일, 폴란드 등에 대량으로 배포한 선전엽서다. 세계공황 발생 후인 1929년을 100으로 잡고 1931년의 철강 생산량을 그래프로 표현해 예전에 비해 크게 낮아진 각국의 생산량을 한눈에 알 수 있도록 했다. 자본주의 경제의 근본적 한계인 경제공황을 비난하면서 사회주의의 장점인 '불황 없는 계획경제'를 강조하고 있다.

★ 소련의 위선, 파시즘의 학살을 방관하는 반파시즘

자본주의의 맹주 미국을 풍자하는 소련의 그림엽서는 1930년대 초까지 계속 발행됐다. 그러나 1930년대 중반에 들어서며 공격의 소재와 방향이 바뀐다. 국수주의적이고 폭력적이며 반공산주의를 제일의 목표로 내건 파시스트 정권인 독일의 나치스가 등장했기 때문이다. 1935년 열린 제7회 코민테른 세계대회에서 소련의 지도자 스탈린은 '반파시즘 인민전선'을 결의하고 '공산주의 대 반공산주의'였던 기존의 국제정치 대립축을 '파시즘 대 반파시즘'으로 변환시키는 데 성공했다.

그에 앞서 미국은 1933년 세계대공황의 후유증을 극복하는 한편 미 대륙 안의 문제에만 개입하는 고립주의 노선과 반공산주의를 내건 팽창주의 외교노선 사이의 모순을 해결하고자 선린우호로 외교정책을 변경했다. 이어 중일전쟁으로 세력을 확장해가

그림 9

는 일본을 견제하고 새로운 수출시장을 확보하기 위해 소련 정부를 승인했다.

사실 1939년 제2차 세계대전 발발 전까지, 유럽의 지도자들은 공산주의와 파시즘을 두고 파시즘이 공산주의보다 '조금 더 낫다'고 평가했다. 미국 또한 독일에 투자해 거액의 이익을 거둔 기업들의 영향으로 파시즘의 손을 들어줬다. 그러나 1939년 유럽 전선에서 시작된 세계대전이 1941년 6월 독소전쟁으로 이어지고, 같은 해 12월 일본군이 진주만을 공격하면서 미국의 태도가 달라졌다. 반공보다는 반파시즘이 더 급했던 것이다.

그림 9는 제2차 세계대전 중인 1943년 11월 28일부터 12월 1일까지 이란의 수도 테헤란에서 열린 테헤란회담의 기념우표로 그 무렵 미국과 소련의 우호적인 관계를 보여준다. 미국의 루스벨트 대통령, 영국의 처칠 수상, 소련의 스탈린 수상이 참석해 전쟁에서의 3국 협력과 앞으로의 전후 처리 방침에 대해 이야기를 나눴는데, 이는 각기 세계 제국을 자랑하는 미국과 영국 그리고 소

그림 10

그림 11

런 수뇌부가 한자리에 모인 최초의 회담이었다. 그래서 소련은 이 우표를 발행해 회담의 의미와 함께 3국의 우호관계를 대내외에 강조했다.

한편 이 회담을 접한 독일의 파시스트 정권은 **그림 10**의 선전 우표를 발행해 영국의 군주주의와 소련의 공산주의가 '야합'한 것이라며 조롱했다. 이 우표는 1937년 발행된 영국의 조지 6세 대관식 기념우표인 **그림 11**을 본떠서 만들었다. 엘리자베스 왕비의 초상을 스탈린의 초상으로 바꾸었고, 오른편에는 유대인 및 유대교를 상징하는 표식인 '다윗의 별'을 그렸다. 당시 독일 파시스트 정권은 공산주의가 유대인이 세계 정복을 위해 고안한 이념

이라고 선동했다. 또한 'POSTAGE' 'REVENUE'는 각각 'SSSR' 'BRITANIA'로 바꾸었고, 중앙의 왕관에는 공산주의의 상징인 '낫과 망치'가 추가됐다.

제2차 세계대전 당시 독일은 이와 같은 다양한 패러디 우표를 발행했다. 그런데 소련이나 영국을 소재로 한 우표는 많지만 어떤 이유에서인지 미국을 소재로 한 우표는 보이지 않는다. 1차 세계대전 이후 독일의 부흥에 미국 자본의 투자가 큰 도움이 된 데다, 혹시라도 전쟁에서 패할 경우 반드시 미국의 지원이 필요하다고 판단했기 때문이 아닐까.

1944년 6월, 연합군의 노르망디 상륙작전이 성공하면서 독일의 패배는 거의 기정사실화된다. 그러자 1945년 2월, 흑해 연안의 크림 반도에 있는 얄타에서 다시 한 번 미국의 루스벨트, 영국의 처칠, 소련의 스탈린이 모여 독일의 패전 이후 점령 방법에 대해 구체적인 협의를 시작했다. 무엇보다 전쟁 후 소련의 이익을 어떻게 배려할지가 이 회담의 중요 의제였다. 소련은 독일과의 전쟁을 통해 전사자 750만 명 등을 포함해 큰 피해를 입었다. 동원된 병사 수만 약 2,400만 명이었다. 특히 동부전선에서 소련군이 승기를 잡지 않았더라면 서부전선의 노르망디 상륙작전 역시 성공하기 어려웠다. 그런 까닭에 미국과 영국은 소련의 이익을 최우선으로 배려할 수밖에 없었다. 이 과정에서 폴란드가 가장 큰 희생자가 되었다.

폴란드는 제2차 세계대전 발발과 동시에 독일과 소련의 밀약

그림 12

에 의해 분할 점령되었고, 정부 지도자들은 런던으로 망명해 망명정부를 세우고 독립운동을 펼쳤다. 그림 12는 폴란드 망명정부가 1941년 12월에게 독자적으로 발행한 우표다. 국제사회에 폴란드 망명정부의 존재를 알리는 한편, 우표 수집가와 망명정부를 지원하는 이들에게 우표를 판매함으로써 독립운동 자금을 확보하기 위해서였다. 아무런 생산기반이 없는 망명정부로서 최고의 수출품을 고안해낸 셈이다. 일반적으로 망명정부가 발행하는 우표는 사용에 목적을 두지 않고 선전용이나 수집용으로 제작되기 마련이다. 그러나 폴란드 망명정부의 우표는 해상우편을 비롯해 영국 내에 주둔하던 자유 폴란드군 사이에 널리 사용되었다.

소련이 폴란드 일부를 점령하긴 했지만 전쟁 초기만 해도 폴란드 망명정부와 소련 사이에는 별문제가 없었다. 그러다 1940년에 지식인, 성직자 등 2만 명이 넘는 폴란드인을 재판 없이 대량 학살한 '카틴숲 대학살'이 독일이 아니라 소련 비밀경찰의 소행으로 밝혀지면서 양국 관계는 단절됐다. 망명정부는 즉시 항의했으

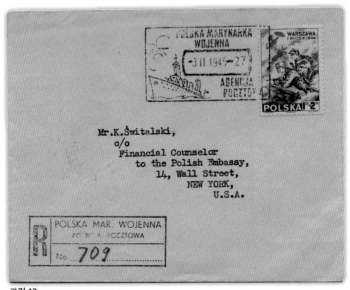

그림 13

나 소련은 독일의 소행이라며 사건을 부인하고 아무런 사과도 하지 않았다.

1944년 8월 1일에 일어난 '바르샤바 봉기'는 소련과 폴란드의 골을 더 깊게 만들었다. 1944년 7월, 5년 가까이 독일의 지배를 받던 폴란드인들은 동부전선에서 독일군이 궁지에 몰리자 스스로 독립을 준비했다. 그러나 독일군은 다가오는 소련군에 맞서고자 오히려 바르샤바에 군사를 증가시키고 있었다. 소련군 또한 군대 재정비를 이유로 잠시 바르샤바 진격을 미룬 참이었다. 이런 사실을 모르는 바르샤바 봉기군은 8월 1일 조국 독립을 내걸고 무장봉기를 일으켰다. 봉기 소식을 접한 독일은 즉시 진압작전을 명령하고 민간인이건 봉기군이건 남녀노소를 막론하고 사살했다. 12월 20일, 바르샤바 봉기는 2만 5천 명이 넘는 사망자를 내며 실패로 끝났다.

바르샤바 봉기가 실패로 끝난 데는 소련군의 책임도 크다. 봉기군이 바르샤바를 해방시킬 경우 이를 지휘한 폴란드 망명정부가 힘을 얻게 되고, 그러면 영국과 미국의 영향력이 커질 것을 우려한 나머지 독일군의 무자비한 학살을 방치한 것이다. 바르샤바 시민은 소련군이 자신들과 함께 독일군과 맞서 싸울 것이라 기대했지만 정작 소련군은 학살이 벌어지는 내내 수수방관하기만 했다. 폴란드 망명정부는 이러한 속사정과 함께 바르샤바 봉기의 비극을 대내외에 알리고 국제사회의 지지를 호소하기 위해 **그림 13**의 편지봉투에 붙은 바르샤바 봉기 기념우표를 발행했다.

이에 그치지 않고 소련은 폴란드 남동부 루블린에 자신들이 조종할 수 있는 괴뢰정부를 수립하고, 얄타회담에서 폴란드와 독일의 동쪽 영토를 자신들의 점령지라고 주장했다. 루블린 정부는 폴란드 인민해방위원회를 중심으로 운영되었는데 자신들의 존재를 알리려고 **그림 14**에서 보이는 독자적인 우표도 발행했다. 바르샤바 봉기가 한창이던 1944년 9월의 일이다.

런던의 폴란드 망명정부를 지지하던 처칠 수상은 소련이 요구한 영토 문제를 양보하는 대신 망명정부를 폴란드 정치에 참여시키라고 요구했다. 소련과 영국 어느 쪽도 자국이 지지하는 쪽을 포기하지 않았기에, 미국이 중재에 나섰다. 결국 폴란드의 정부

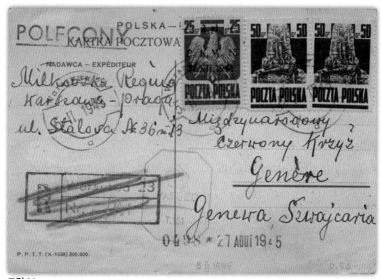

그림 14

수립은 종전 후 국민투표를 통해 결정하기로 합의되었다. 그러나 1945년 3월, 런던의 망명정부 지도자들이 폴란드로 돌아오자 루블린 정부는 그들을 체포하며 얄타회담의 협의를 휴지로 만들어 버렸다. 처칠 수상이 분노하는 가운데 4월에는 소련에 유화적이었던 루스벨트 대통령이 사망하였다. 반공주의자였던 트루먼 대통령이 미국 대통령으로 취임하면서 폴란드에서 시작한 동서 대립은 크게 요동치기 시작했다. 4월 30일에 베를린이 함락되고 마침내 5월 9일, 독일은 항복을 선언했다. 얄타협정에 따라 소련은 독일의 반을 손에 넣었지만 유럽은 동서 냉전시대로 달려가고 있었다.

★ 철의 장막, 냉전의 시작

얄타회담 때만 해도 미국은 일본의 패전을 확신하면서도 시기는 조금 뒤일 거로 생각했다. 그래서 빠른 전쟁 종결과 더불어 자국 손해를 줄이고자 소련의 대일전쟁 참전을 유도했다. 1943년 11월의 테헤란회담에서 미국은 소련에 대일전쟁 참전을 요구했고, 소련은 독일 항복 후에 가능한 빨리 일본에 선전포고한 뒤 참전하겠다고 약속했다. 1945년 2월, 얄타회담에서 독일 항복 후 몇 개월의 시차를 두고 소련이 일본에 선전포고하는 것이 정식 결정됐다. 얄타회담 이후 4월 5일, 소련은 일본에 소일중립조약 연장 불가를 통보하고, 5월 9일 독일이 항복하자 서둘러 시베리아로 군대를 이동시켰다. 이어 미국, 영국, 소련 3국은 7월 17일부터 8월 2일까지 독일 항복 이후의 전후 처리를 협의하고자 포츠담회담을 진행했다. 이때 소련의 대일전쟁 참전이 8월 15일로 확정되었다.

한편 미국은 포츠담회담 전날인 7월 16일 밤에 세계 최초로 플루토늄을 원료로 하는 원폭 실험에 성공했다. 미국은 1938년 12월 독일에서 우라늄의 핵분열이 발견된 이후 경쟁적으로 핵분열 관련 연구에 뛰어들었다. 특히 1939년 9월 제2차 세계대전 발발 이후 독일이 먼저 핵분열을 이용한 폭탄 개발에 성공할 것을 우려해 곧바로 대규모의 프로젝트 팀을 꾸려 원폭 연구에 들어갔다. 태평양전쟁 발발 후인 1942년 9월부터는 본격적인 국가 군사

프로젝트로 '맨해튼 계획'을 수립했으며 그 성과로 포츠담회담 직전에 원폭을 손에 넣을 수 있었다.

미국은 비장의 카드인 원폭을 손에 넣자 소련의 참전 없이도 일본의 항복을 이끌어낼 수 있다고 자신했다. 대일전쟁 참전 후 아시아에서 소련의 확장을 막고자 미국은 소련의 참전일로 예정된 8월 15일 이전에 일본의 항복을 받아낼 필요가 있었다. 세계 유일의 핵보유국이라는 입장을 살려 동아시아 지역의 패권을 차지할 속셈이었다. 7월 26일, 일본에 무조건 항복을 요구하는 포츠담선언이 발표됐다. 항복을 권고하고 제2차 세계대전 후의 대일 방침을 표명하는 내용이었다. 일본이 항복 권고안을 거절하자 포츠담선언을 거부했다는 대의명분을 내세워 8월 6일 일본 히로시마에 원폭을 투하했다. 이튿날인 7일 미국 대통령 트루먼은 다시 일본에 즉시 항복을 요구하는 성명을 발표하였다.

히로시마에서 원폭의 위력을 확인한 소련은 전쟁이 조기에 종결되리라는 판단을 내리고 당초 예정보다 일주일 빠른 1945년 8월 8일 일본에 선전포고를 하고, 이튿날인 9일 만주와 사할린 공격에 나섰다. 만약 일본이 전쟁에서 패해 미국 점령하에 들어간다면, 핵무기를 보유한 세계 최강국 미국과 바다를 두고 직접 대치하기 때문이었다. 미국의 예상과 달리 원폭 투하가 오히려 소련의 참전을 재촉하는 결과로 이어진 것이다. 당황한 미국은 8월 9일 나가사키에 두 번째로 원폭을 투하했다. 소련이 참전해버린 이상 하루라도 빨리 일본을 항복시켜 아시아에서의 발언권을 확보하는 게 중요했다.

소련 또한 막강한 군사력을 바탕으로 순식간에 '일본 최강'이라 불리던 관동군을 무력화한 뒤 만주국을 붕괴시키고 한반도 북부, 쿠릴 열도, 사할린을 잇달아 점령했다. 일본의 근접 지역을 점령함으로써 아시아·태평양 지역에서 미국과의 완충지대를 확보한 것이다.

한편 아시아·태평양전선보다 먼저 전쟁이 종결된 유럽은 소련군 점령지를 중심으로 공산주의 정권이 차례차례 수립되었다. 이로써 소련은 자유주의 진영과의 중립지대를 확보할 수 있었다. 유럽에서 공산주의가 확대되자 미국과 영국 등 자본주의 열강들은 다시금 위협을 느꼈다. 1946년, 트루먼의 초청을 받아 미국을 방문한 처칠 수상은 미주리주의 풀턴에서 행한 연설에서 "발트해에서 아드리아해에 이르기까지 대륙을 횡단하여 철의 장막이 드리워져 있다"고 공산주의에 대한 우려를 표명했다. 이어 미국은 공산주의를 '악마의 사상'이라고 주장하며 공산주의의 세계 확산을 막기 위한 대소 포위망 형성에 주력했다.

1947년 3월, 트루먼 대통령은 '터키와 그리스 내의 공산주의 세력을 공격하고 섬멸하기 위해 양국 정부를 지원한다'는 내용을 발표했다. 이른바 동서 냉전의 시작을 알리는 '트루먼 독트린'이다. 또한 6월에는 마셜 국무장관이 유럽에서의 영향력을 확대하기 위해 서유럽 각국을 겨냥한 '마셜 플랜'이라 불리는 경제원조 계획을 발표하였다.

그림 15-1 소련

그림 15-2 미국·영국

그림 15-3 프랑스

그림 16

그림 17

이러한 대소 봉쇄정책에 대해 소련은 강하게 반발했다. 1947년 1월에는 코민포럼이라 불리는 국제공산당 정보국을 발족시켰으며, 1949년에는 공산주의 국가 간 국제경제협력 조직인 경제상호원조회, 코메콘을 설립하며 공산주의 세력의 결속을 한층 강화했다.

한편 패전 이후 독일은 소련이 동쪽을, 미국·영국·프랑스의 연합국 3국이 서쪽을 각각 점령했다. 초기에는 두 지역 사이에 자유로운 왕래가 가능했으며, 기간 산업시설의 피해를 덜 입은 동독이 서독에 전기와 가스, 수도를 공급했다. 당초 연합군은 각지의 점령지에서 저마다 독자적인 우표를 발행하고 있었다. 그림 15는 소련, 미국·영국, 프랑스가 각각 점령지에서 발행한 우표다. 그러나 1946년 1월 22일부터 프랑스를 제외한 미국, 영국, 소련 3국의 점령지구에서 그림 16과 같은 3국의 공동우표를 발행해 함께 사용했다.

문제는 독일에 급격한 인플레이션이 일어나면서 발생했다. 1948년 5월 미국·영국·프랑스가 점령지구 통화의 인하를 계획했다. 그러면 서쪽에 비해 경제기반이 약했던 소련의 점령지구는 통화 폭락과 물가 상승을 피하기 어려웠다. 이에 소련은 동서 베를린 사이의 왕래를 금지하고 국경을 봉쇄하며 맞섰다. 서독 쪽에서 새로운 마르크가 발행되자 6월에 소련은 대항조치로 통화개혁을 발표한다. 미국·영국·프랑스 3국은 '베를린 4개국 공동관리에 위반된다'며 항의했으나 소련은 서베를린으로의 송전을 중지하고

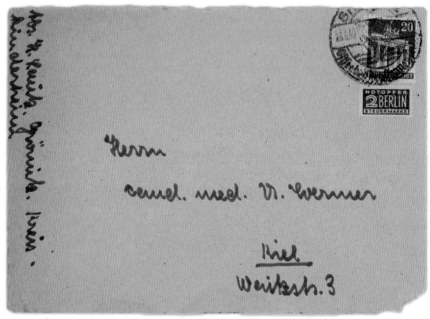

그림 18

물자 유통까지 금지했다.

6월 26일부터 송전 중지와 물자 부족으로 곤경에 빠진 서베를
린 주민을 위해 미국과 영국은 식량과 생필품 등을 비행기로 공
수하기 시작했다. 연료와 전기가 극도로 부족한 상황에서 서베를
린은 11개월 동안 '베를린 공수'로 연명했다. **그림 17**은 당시 서베
를린 주민들을 위한 구제기금을 마련하고자 발행한 우표다. 그림
18처럼 우편물에 기부금 징수를 위해 강제적으로 라벨을 붙이기
도 했다. 1949년 5월 4일, 소련은 결국 봉쇄를 해제하는 데 동의
한다. 연합국들이 동독의 교통과 통신시설에 마찬가지로 봉쇄의

보복조치를 취하고, 동유럽권의 모든 전략 수출품에 대해 수입금지를 단행했기 때문이다.

이처럼 베를린 위기를 거치며 한때 파시즘 세력과 맞서며 연합했던 소련과 미국 사이의 대립이 심각해졌다. 한반도에서 냉전이 한 국가를 남북으로 분열시켰다면 독일에서는 그 분열이 동서를 기준으로 일어났다. 서독이 1949년 5월 8일에 헌법제정회의를 열고 독일연방공화국 기본법을 가결한 데 이어, 동독도 10월 7일에 독일민주공화국 수립을 선언했다. 그렇게 동서 냉전의 막이 오른다. 세계는 소련과 미국으로 대표되는 진영 논리에 따라 줄서기를 강요받았다. 1990년대에 비로소 소멸하기까지 동과 서 사이의 냉전은 세계의 가장 중요한 대립축이었다.

6

미국은 어떻게
제국주의 국가가
되었을까?

필리핀

★ 스탬프에 남은 혁명의 추억

건국 이래 '프런티어'를 기치로 북미 대륙 내부에서 영토 확장에 몰두해온 미국은 1890년대에 이르자 개척지 소멸이라는 사태에 직면한다. 캐나다와 멕시코 사이의 북미 대륙 전체를 평정하면서 인디언들을 제압하고 촘촘히 정착촌을 세운 것이다. 이처럼 서부 개척이나 영토 병합 과정에서 미국이 인디언이나 멕시코에 대해 취한 행동들은 매우 폭력적이며 백인 중심적이었다. 이들은 땅을 넓히기 위해서라면 불법과 사기와 야만적인 행동도 마다하지 않았다. 유럽 식민제국이 아시아, 아프리카, 라틴아메리카에서 했던 것과 아무런 차이가 없었다.

그럼에도 미국인들은 자신들이 결코 제국주의 국가가 아니며,

식민지를 탐하지 않는 민주주의 국가라고 주장했다. 사실은 대륙 내에서 '개척'과 '병합'으로 영토 확장에 집중하느라 해외로 눈을 돌릴 틈이 없었을 뿐인데 말이다. 그러나 19세기 후반 들어 전통적으로 식민지 경영에 나섰던 스페인이나 영국, 프랑스, 네덜란드만이 아니라 벨기에, 독일, 이탈리아 등 후발 주자들까지 경쟁적으로 식민지 획득에 뛰어들자 미국도 대륙 밖의 세계로 눈을 돌리게 되었다. 때마침 개척지 소멸에 이르자 미국도 1890년대를 기점으로 뒤늦게 제국주의 경쟁에 몸을 실었다.

'미국 제국주의'가 사냥감으로 처음 눈독 들인 곳은 스페인의 식민지들이었다. 1890년대 중반, 스페인은 식민지 곳곳에서 벌어지는 독립투쟁으로 인해 심한 혼란을 겪고 있었다. 이미 1820년대 이후 남미 대륙을 잃었던 스페인은 쿠바와 필리핀에서도 독립운동이 일며 더 쇠약해진 상태였다. 미국 언론은 두 곳의 독립운동을 상세히 소개하며 특히 지리적으로 가까운 쿠바에 대해 '반스페인' '쿠바독립 지지' 식의 기사들을 경쟁적으로 쏟아냈다.

1898년 2월, 쿠바 아바나항에 정박해 있던 미국 전함 '메인호'가 폭발해 침몰하는 사건이 일어난다. 미국은 스페인의 공격으로 침몰당했다고 판단하고, 4월 25일 스페인에 선전포고했다. 4장 쿠바 편에서 보았던 미국·스페인전쟁이다. 메인호 사건의 책임을 물으며 쿠바의 독립투쟁을 지지한다는 대의명분을 내걸고 시작한 미국·스페인전쟁은 이상한 방향으로 흘러갔다. 미국이 개전과 동시에 쿠바와 아무런 상관이 없는, 스페인의 또 다른 식민지인 필리핀에 전함을 파견한 것이다. 물론 이때도 스페인의 식민통치에 반대하고 필리핀 독립투쟁을 지지한다는 명분을 앞세웠다.

당시 필리핀은 쿠바와 마찬가지로 스페인의 식민통치에서 벗어나려는 독립투쟁이 한창이었다. 1896년 8월, 노동자 출신의 지식인 안드레스 보니파시오가 이끄는 민족주의 비밀결사 카티푸난의 무장봉기를 시발로 필리핀혁명이 일어났다. 1892년 창고직원이었던 보니파시오가 마닐라에서 카티푸난을 조직한 이후 계속 회원이 늘어 1896년에는 그 수가 10만 명에 달했다. 각 지역에서 그의 뜻에 따르는 세력이 합류하면서 독립운동은 점점 거세졌다. 그러나 1897년 3월, 혁명의 주도권을 둘러싸고 보니파시오 계열과 젊은 장군 에밀리오 아기날도를 중심으로 한 혁명주의자들 사이에 갈등이 일어나면서 안드레스 보니파시오는 그해 5월 10일 선동죄로 총살당한다.

혁명군 내부에 균열이 생기자 전세가 뒤집어졌다. 독립전쟁 발발 후에 내내 밀리던 스페인군이 다시 유리한 입장에 서고, 아기날도의 혁명군은 마닐라 남동쪽의 산악지역으로 밀려났다. 그럼에도 아기날도는 5월 31일 스스로 대통령직을 맡고 필리핀공화국 수립을 선포했다. 이때의 필리핀공화국은 총사령부가 있던 지명을 따서 비아크나바토공화국으로 불린다.

공화국 수립을 선포했지만 전세는 여전히 스페인에 유리했다. 결국 아기날도는 스페인과 타협을 시도했다. 혁명정부를 수립한 지 불과 반년 후인 1897년 12월 20일, 혁명군과 스페인 식민 당

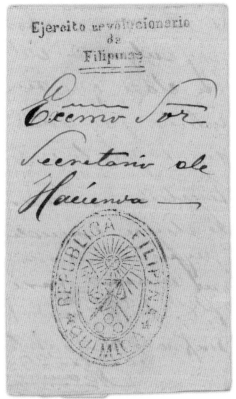

그림 1

국은 비아크나바토협정을 맺었다. 혁명군이 무력투쟁을 포기하는 대신 스페인 식민 당국은 정치개혁을 실시한다는 내용이었다. 혁명군 지도자들은 그 대가로 홍콩 망명과 40만 페소의 돈을 보장받았다.

그림 1은 비아크나바토공화국 때 혁명군이 사용하던 군사우편물의 봉투로 위쪽에 '필리핀 혁명군대Ejercito revolucionario de Filipinas'라는 소인이 찍혀 있다. 보낸 날짜는 협정이 체결된 1897년 12월 20일

로 추정되며, 받는 사람은 혁명정부의 재무대신이자 에밀리오 아기날도의 사촌형제인 발도메로 아기날도다.

당시 혁명정부는 독자적으로 우표를 발행할 만한 여력이 없었다. 그렇다고 스페인이 발행한 우표를 사용할 수도 없었다. 간접적으로나마 스페인의 지배를 인정하는 꼴이 되기 때문이다. 그래서 생각해낸 것이 혁명정부를 상징하는 태양과 3개의 별 모양이 들어간 스탬프였다. 편지봉투에 우표 대신 스탬프를 찍어 요금수납이 끝난 우편물임을 표시한 것이다. 그나마도 혁명정부가 일괄적으로 스탬프를 만들어 배포하지 못한 탓에 지역마다 자체적으로 제작한 스탬프를 사용했다. 지금도 다양한 디자인의 혁명정부 스탬프가 찍힌 우편물이 남아 있어 필리핀혁명의 애환을 생생하게 증언한다.

★ 필리핀 접수를 위한 미국의 꼼수

휴전협정을 맺긴 했지만 혁명군과 스페인 식민 당국 어느 쪽도 충실하게 협정을 지키려 노력하지 않았다. 아기날도는 홍콩에서 무기 구매를 위해 돈을 썼고, 스페인도 정치개혁 약속을 이행하지 않았다. 따라서 필리핀 내에서 독립투쟁은 끊임없이 이어졌다. 필리핀에 혁명의 불길이 급속히 퍼져 나가는 그때, 미국·스페인전쟁의 계기인 메인호 사건이 일어났다.

아시아·태평양 지역에서 제국주의적 팽창을 위한 거점을 찾던 미국은 스페인을 적으로 둔 아기날도와 손을 잡음으로써 안팎에서 스페인을 공격하려 했다. 미국은 스페인에 선전포고를 하기 전인 1898년 3월, 홍콩에 망명 중이던 아기날도에게 연락을 취해 만났다. 홍콩에서 아기날도를 만난 미국 동양함대 전함 페트렐호의 우드 함장은 "조국으로 돌아가서 미군의 지원을 얻어 필리핀을 해방시켜라" "미국은 평화를 사랑하는 위대한 나라로 식민지가 필요하지도 않고 갖고 싶지도 않다"는 말로 아기날도를 설득했다. 아기날도가 서로의 합의안을 서면에 남기길 원하자 우드 함장은 동양함대 사령관인 듀이와 상담해야 한다며 서면 확인을 미루었다. 그러면서도 필리핀 독립투쟁을 위해 어떠한 지원도 할 뜻이 있음을 내비쳤다. 이 만남을 통해 미국 측이 은밀하고 치밀하게 스페인과의 전쟁을 준비하고 있었다는 점, 그러기 위해 필리핀 내부의 반스페인 정치 세력을 이용했다는 점, 혹시라도 생길 책임 소재를 피하고자 문서가 아닌 구두 합의를 선택했다는 점 등을 확인할 수 있다.

미국은 4월 이후에도 아기날도와 접촉을 계속하는 한편 5월 1일, 마닐라에 정박해 있던 스페인 함선을 공격하며 필리핀 내에서 전투를 시작했다. 미군 지상군이 도착할 때까지 스페인 지상군을 봉쇄하고 필리핀에 욕심을 내던 독일을 견제하려면 아기날도의 힘이 필요했다. 그래서 미국은 하루라도 빨리 그가 귀국할 수 있도록 힘을 쏟았다. 당시 독일은 미군의 공격이 시작된 5일 후, 5월

6일에 벌써 마닐라만에 함대를 보내 병사들을 상륙시킬 정도로 미국·스페인전쟁에 예민하게 반응하고 있었다.

그러나 아기날도는 미국과의 약속이 전혀 문서화되지 않은 채 미국에 의지할 경우 다시 미국의 식민지가 될 것을 우려하며 귀국을 망설였다. 반면 홍콩에 머물고 있던 나머지 혁명 지도부들은 순진하게 미국의 약속을 믿었다. 만에 하나 미국이 약속을 지키지 않고 필리핀을 식민지화하려 해도 아기날도가 민중을 이끌고 저항하면 독립은 문제없을 거라고 낙관했다.

5월 19일, 아기날도를 비롯한 혁명 지도부가 필리핀으로 돌아온다. 그리고 동양함대 사령관 듀이에게 '미국은 필리핀의 독립을 보증한다'는 내용을 담은 문서를 요구했다. 이에 듀이는 "미국인의 구두약속은 스페인의 문서, 즉 비아크나바토협정보다 신뢰도가 높다"고 회답했다. 이어 "필리핀 독립을 대내외에 알리기 위해 서둘러 국기를 제정할 필요가 있다"며 국기 제정을 역설하는 용의주도함을 보인다. 공식적으로 아무것도 약속해주지 않은 채 필리핀 독립을 지원하는 제스처만 취한 것이다. 결국 아기날도는 미국과 듀이를 신뢰하기로 결정하고, 카비테를 중심으로 독립투쟁을 벌이던 혁명군을 이끌고 미 해군과 함께 스페인에 대항했다.

아기날도는 5월 24일 "위대하고 강력한 미국이 필리핀의 자유 확보를 위해 이해관계를 따지지 않고 보호를 제공해주었다"며 스페인군을 섬멸시키고 헌법을 제정해 새로운 정부를 세울 때까지 스스로 총수를 역임하는 독립정부 수립을 발표했다. 동시에 기존

그림 2

비아크나바토공화국을 없애고, 공화국이 발표한 모든 포고나 인사 등을 폐지했다. 6월 12일, 아기날도는 사저에서 미국 독립선언문을 모방한 선언문을 낭독하고 필리핀공화국의 정식 국기와 국가를 소개하며 독립을 선언했다. 또한 8월 1일에는 의원선거를 실시하고 카비테에 있던 혁명정부의 본부를 마닐라 북부의 말롤로스로 옮겼다. 이어 필리핀인만으로 구성된 의회인 제1회의를 소집하고, 9월 24일에 정식으로 초대 대통령 자리에 올랐다. 혁명정부는 독립국가임을 대내외적으로 알리고자 독자적으로 제작한 우표를 발행하며 필리핀 우편행정의 첫 페이지를 열었다. 그림 2는 아기날도 정부가 발행한 우표로 혁명정부의 상징인 태양과 3개의 별이 그려 있다. 그러나 서구 열강, 특히 미국의 반응은 냉담했다. 일례로 6월 2일에 열린 독립을 기념하는 공식행사에 듀이를 포함한 미국 해군 수뇌부들을 초청했지만, 고작 포병 대령 한 명만이 참석했을 뿐이다. 이미 미국은 아기날도 정부를 배제하고 스페인과 강화조약을 맺으려고 은밀하게 움직이고 있었다.

8월 9일, 벨기에 영사의 중재를 통해 미국과 스페인의 교섭이 시작된다. 아기날도 혁명군이 마닐라를 포위한 상태라 그 안에 머물고 있던 스페인군이 항복하는 건 시간문제라고 여겨지던 시기였다. 때문에 페르민 하우데네스 스페인 총독은 필리핀인들에 의한 유혈 보복을 피하고자 혁명군의 마닐라 진입을 저지하는 조건으로 미국에 항복의사를 전달했다. 이미 필리핀을 점령할 수 있을 만큼의 군대를 차근차근 필리핀에 상륙시키고 있던 미국 역시 더 이상 아기날도의 협력이 필요하지 않았다. 아니 정확하게는 미국·스페인전쟁 이후 필리핀 식민지화를 목표로 삼고 있었던 만큼 이제는 서둘러 아기날도 정부를 제압해야만 했다.

미국은 '수도 마닐라가 해방되는 때 혁명군을 배제해달라'는 스페인의 요청을 받아들이고, 8월 13일에 피 한 방울 흘리지 않고 마닐라를 점령했다. 아기날도 정부의 혁명군은 입성은커녕 마닐라 성벽에 혁명정부의 국기를 거는 것조차 허락되지 않았다. 8월 13일 마닐라에 입성한 미국은 일단 스페인에 대한 군사행동을 멈췄다. 그리고 이튿날부터 필리핀에서 군정을 개시했다.

그림 3은 당시 미군정의 흔적이 남아 있는 우편물이다. 미국·스페인전쟁에 참전해 마닐라에 주둔하던 미군 병사가 보낸 편지봉투로 '제1군사우편소, 필리핀MIL. STA. No.1, PHILIPPINE ISLS'이라는 문자가 새겨진 소인이 찍혀 있다. 우표도 미국 국내 우편요금과 동일한 2센트짜리 우표가 붙어 있다.

9월 하순 들어 미국과 스페인은 파리에서 강화회의를 시작했으나 이 자리에 아기날도 정부는 초대받지 못했다. 12월 10일, 강화조약이 체결된다. 미국은 이 조약을 통해 필리핀을 2,000만 달러에 사들였다. 그렇게 '우애적 동화'라는 슬로건을 내건 미국의

그림 3

필리핀 식민통치가 시작되었다.

　미군이 마닐라에 진군하고 스페인과 강화조약을 체결하는 동안 아기날도의 혁명군은 루손섬과 비사얀 제도에 이르는 스페인 점령지를 차례차례 해방시켜 나가고 있었다. 스페인의 식민권력은 한편으로는 미국에 이양되고 한편으로는 아기날도의 혁명군에 의해 해체되었다. 새로운 필리핀 국가의 운명을 둘러싸고 미국과 혁명정부가 경쟁하는 구도가 된 것이다. 이처럼 혁명정부와의 약속을 파기하고 미군이 마닐라에 입성한 이후 반스페인에 이어 반미 감정이 본격적으로 생겨나기 시작했다.

　1899년 1월, 혁명정부는 말롤로스에서 헌법 제정과 함께 필리핀공화국 수립을 정식으로 선포했다. 또한 독립과 혁명 과정에서 보여준 미국의 배신을 절대로 인정하지 않는다는 태도를 대내외에 분명히 알렸다. 2월 4일, 혁명정부와 미군정 사이에 긴장감이 고조되던 와중에 미군 병사에 의해 필리핀 병사 2명이 살해되는 사건이 일어났다. 이를 계기로 혁명정부와 미군은 필리핀 내에서 전쟁을 시작하게 된다.

그림 4는 미군이 혁명정부를 향해 본격적인 공격을 하기 직전인 1899년 2월 9일, 혁명정부의 국방대신인 발도메로 아기날

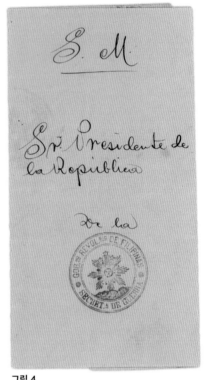

그림 4

도가 대통령에게 보낸 혁명정부의 군사용 우편물 봉투다. 겉면에는 관청 간의 공용 우편물임을 나타내는 군용 소인과 혁명정부의 상징인 산 위의 태양과 3개의 별이 들어간 국방대신 인장이 찍혀있다. 약어로 기재된 S.M.은 'Servicio Militar'의 약자로 군용 우편물이라는 말이다.

전투는 최신 장비로 무장한 미군이 시종일관 혁명군을 압도했다. 1899년 3월 말에 혁명정부의 수도 말롤로스가 함락되고,

그림 5

11월에는 아기날도 등 지도부가 산악지대로 쫓겨나는 등 혁명군의 패색이 짙어갔다. 미국은 혁명정부의 소멸을 앞두고 필리핀이 자신들의 땅임을 대내외에 과시하기 위해 미국 우표에 'PHILIPPINES' 문자만 추가로 인쇄한 그림 5와 같은 우표를 필리핀 전역에서 사용하도록 했다.

★ 6월 12일, 반스페인과 반미의 역사의식

미군은 혁명정부의 군대를 손쉽게 압도했음에도 필리핀 전 지역을 점령하지는 못했다. 각 지역에 흩어져 숨어 있던 게릴라부대의 강력한 저항에 부딪혔기 때문이다. 그림 6은 1900년 2월에 레이테섬 타클로반에 주둔하며 대게릴라 전투를 수행하던 미군 병사가 보낸 편지봉투다. 미군 내에 적지 않은 사상자가 발생하고, 해군의 통신업무가 현지민에 의해 방해받고 있다는 내용이 적혀 있다.

그림 7은 게릴라전이 한창이던 때에 루손섬 북부에 위치한 일로코스수르즈를 점령하고자 공격하던 필리핀 게릴라 부대원이 1901년 1월에 보낸 편지봉투다. 우표는 없지만 필리핀공화

그림 6

그림 7

국을 상징하는 태양과 3개의 별이 새겨진 소인이 찍혀 있다. 소인 안의 'GUERRILLA No 4'를 통해 이들 게릴라부대가 나름대로 조직과 체계를 갖고 활동했음을 짐작할 수 있다. 왼쪽 상단에 수기로 쓴 S.M.R.은 '혁명군 전용'을 의미하는 'Servicio Militar Revolutionario'의 약자다. 미국과의 전쟁 초기에 발행된 우편물에는 없는 '혁명'이라는 문자가 추가되어 있다. 수세에 몰려서도 게릴라부대의 항전 의욕이 전혀 약화되지 않았음을 엿볼 수 있다. 오른쪽 상단에 적힌 '긴급Urgentisimo'이라는 말을 통해 당시 전투의 긴박감을 생생하게 느낄 수 있다.

게릴라부대의 저항이 수그러들지 않자 미국은 철저하고 잔인한 무력 진압으로 일관했다. 1901년 9월 28일, 사마르섬에 정박 중이던 미 해군이 전투로 71명 중 45명의 병사를 잃자 그 복수로 섬 주민 중 10세 이상의 남성을 모두 체포해 살해하는 대학살을 저질렀다. 정도의 차이는 있지만 이러한 미군의 대학살과 잔혹 행위는 필리핀 전 지역에서 벌어졌다.

1900년 1월, 필리핀에 파견된 슈만위원회가 매킨리 대통령에게 제출한 조사 보고서는 당시 사태를 대하는 미국의 시각이 어떠했는지 잘 보여준다. 슈만위원회 보고서는 필리핀에서 미국의 철수는 불가능하고, 오히려 필리핀에 있을 의무가 있으며 필리핀인은 독립을 주어도 유지가 불가능하다고 말한다. 오만하고 독선적인, 전형적인 제국주의적 시각이다. 이 보고서에는 듀이의 증언을 인용해 아기날도 등에게 필리핀의 독립을 약속하거나 필리핀 국기를 인정한 적이 없다는 이야기까지 등장한다. 자신들의 책임을 최소화하기 위해 거짓 정보를 일부러 공식 문서에까지 남긴 것이다. 이렇게 미국은 무력으로 필리핀을 제압하는 것을 정당한 의무라고 생각했다. 심지어 필리핀의 독립을 인정하지 않는 정도가 아니라 독립이 불가능한 열등 국민으로 여겼다. 미국 스스로 자랑스레 떠빌이는 것과 달리 사실은 다른 제국주의 국가들과 하등 다르지 않았다.

압도적인 군사적 우위에도 미군의 무력에 의한 게릴라부대 토벌은 좀처럼 좋은 성과를 올리지 못했다. 이제 무력은 한계가 있었고 다른 접근 방법이 필요했다. 필리핀 점령정책 자체의 전환이 요구되는 상황이었다. 슈만위원회의 보고서에는 '우애적 동화' 정책의 구체적인 예가 기록되어 있다. 이원제 의회 구성, 군정 폐지와 민정 이관, 지방자치 및 공적 예산에 의한 초등학교 영어교육 시행 등 필리핀인의 처우를 증진하는 내용이었다. 게릴라전이 시작되기 전부터 사탕과 채찍을 동시에 구사하는 점령정책의 변화가 요구되었지만, 실제로 추진된 것은 1900년 3월에 매킨리 대통령이 파견한 윌리엄 태프트가 필리핀에 오면서부터다.

나중에 미국의 27대 대통령이 되는 태프트는 우선 아서 맥아더 군정관의 폭력 진압 일변도 정책부터 저지했다. 2차 세계대전과 한국전쟁의 영웅인 더글러스 맥아더의 아버지인 아서 맥아더는 정치적 상황판단을 할 줄 모르는 강경파 군인이었다. 그는 '루손섬 주민을 중심으로 미군에 저항하는 게릴라전쟁이 일어나고 있다'고 판단해 루손섬의 게릴라 토벌에 전력을 다했다. 이 과정에서 게릴라부대만이 아니라 민간인들까지 피해받자 오히려 현지인들 사이에 반미 감정만 더 키웠다. 군정청의 폭주에 제동을 건 태프트는 이어 필리핀 현지인 가운데 친미 세력으로 이루어진 연방당을 지원하고, 지방 유지들과 제휴하며 필리핀 내 미군정을 안착시키는 데 주력했다.

1901년 3월 23일, 혁명정부의 대표 아기날도가 체포되자 혁명군 지도자들의 투항이 줄줄이 이어졌다. 여기에 태프트를 지지하는 연방당이 혁명군의 무장해제 협력을 선언하면서 필리핀혁명의 불꽃은 급속도로 꺼져갔다. 1901년 7월 4일, 태프트를 총독으로 하는 미국의 필리핀 식민통치가 시작되었다. 이듬해인 1902년 7월 4일에는 필리핀 혁명군을 완벽히 진압하며 전쟁에 종지부를 찍었다. 가끔 일부 지역에서 '반미'와 '독립'을 내걸고 무장투쟁이 일어나기도 했으나 '우애적 동화' 정책이 뿌리를 내리면서 친미 감정이 빠르게 필리핀 사회에 확산되었다. 독립운동의 성격 또한 '무조건 독립'에서 미국에 의한 지배를 인정한 가운데 '합법적이고 점진적인 독립운동'으로 바뀌었다. 많은 필리핀인이 독립을 포기하고 미국 식민지 상황을 받아들이며 만족하게 된 것이다.

제2차 세계대전 중 필리핀은 일본군의 통치 아래 잠시나마 '미국에서 독립한 상황'에 놓였다. 당시 일본군이 세운 친일 정권의 대통령으로 지명된 호세 파치아노 라우렐은 일본에 협조하는 꼭두각시라고 자신을 비난하는 필리핀 국민에게 "누구도 필리핀인

그림 8

이상으로 필리핀을 사랑하지는 않는다"는 연설로 응수했다. 그림 8은 호세 라우렐의 연설이 기록되어 있는 필리핀 우표로 일본군 점령시기에 발행되었다. 호세 라우렐은 자신이 단지 일본의 꼭두 각시가 아니라 '독립된 필리핀'을 열망하는 정치가이며, 일본에 의해 주어진 형식적 독립이 미국의 식민지보다는 낫다고 웅변했다.

필리핀의 진정한 독립은 다른 많은 식민지의 경우처럼 제2차 세계대전 이후에야 가능했다. 현재의 필리핀공화국은 1898년 아기날도 정부가 독립선언을 발표한 6월 12일을 독립기념일로 삼고 있다. 2차 세계대전 이후나 라우렐 정권 때의 독립이 아니라 필리 핀인 스스로 독립국가임을 선포했던 처음의 경험을 소중하게 여기는 것이다. 이는 필리핀의 역사가 반스페인부터 시작해 반미의 역사와 연관되어 있음을 상기시키는, 반미를 바탕에 둔 역사의식의 표현이기도 하다.

7

동맹과 적대,
다시 동맹으로,
애증의 미일사

일본

★ 흑선과 백선

일본과 미국의 인연은 악연으로 시작되었다. 1853년 7월, 미국의 매슈 페리 제독이 네 척의 검은 증기선, 이른바 '흑선'을 이끌고 당시 일본의 수도이던 에도현재의도쿄 근방인 우라가에 나타나 개방을 요구했다. 노를 젓는 배나 돛에 바람을 이용해 움직이는 배가 아니라 엔진에서 나오는 힘으로 움직이는 증기선의 존재는 일본 사회를 발칵 뒤집어놓을 만했다. 수호조약 체결을 원하는 밀러드 필모어 대통령의 친서를 전하며 페리 제독은 "1년 후 다시올 테니 가부를 결정하라"고 통보한 채 떠났다. 이후 일본 지배층은 '개국'과 '쇄국'의 방침을 두고 극심한 혼란에 빠졌다. 결국 개항과 서구 문명을 막기에 이미 쇠약해진 에도 막부는 1854년 3월

31일, 가나가와에서 미국과 일미화친조약을 체결한 데 이어 1858년에는 미국, 영국, 러시아, 프랑스, 네덜란드 등과 통상조약을 체결한다.

1868년의 메이지유신을 기점으로 일본은 봉건제도를 폐지하고 근대국가로의 전환을 꾀하기 시작했다. 밖으로는 서구 세계에 대한 문호 개방이 빠르게 진행되고, 안으로는 근대적 통일국가로서의 기틀을 다져갔다. 그렇게 일찌감치 근대화에 성공한 일본은 1895년 청일전쟁에서 승리를 거두며 동아시아의 새로운 강자로 떠오른다.

1898년에 필리핀을 점령하며 태평양 진출을 모색하던 미국이 일본을 주목한 것도 이때부터다. 내심 아시아에서 러시아의 견제 세력으로 성장해주길 기대한 것이다. 1904년에 러일전쟁이 시작되자 미국은 일본이 적당한 선에서 승리하기를 바라며 지원하기까지 했다. 1905년 5월, 이틀 동안의 전투 끝에 무적이라 불리던 러시아의 발틱함대가 일본의 연합함대에 크게 패하며 러일전쟁은 일본의 승리로 끝났다.

그러나 미국은 일본이 적당한 수준에서 러시아를 방어해주길 바랐을 뿐 압도적인 승리를 기대한 것은 아니었다. 러일전쟁을 통해 아시아에서 군사 균형이 무너지자 이후 미국은 전략적 파트너에서 잠재적 경쟁자로 일본을 경계하기 시작했다.

유럽의 백인 국가를 상대로 싸워 이긴 러일전쟁은 유럽과 미국 등 제국주의 국가들의 지배를 받던 식민지 민중들에게 큰 영감과 함께 용기를 주었다. 반면 유럽과 미국 사람들에게는 '황화론黃禍論'을 불러왔다. 황화론은 1895년에 독일 황제 빌헬름 2세가 주창한 황색인종 억압론으로, 황색인종이 유럽 문명에 대하여 위협 요소이므로 황색인종을 세계의 활동 무대에서 몰아내야 한다는 내용이다. 특히 일본계 이민자가 급증하던 미국 서부 연안의 캘리포니아는 반일 감정이 커지면서 1907년 이민법을 개정해 일본인 이민을 제한하기 시작했다. 미국 내 언론들도 러일전쟁 이후 잇따라 반일 감정을 부추기는 기사를 게재했으며, 일본이 미국 서해안을 공격하는 내용의 소설이 큰 인기를 끌기도 했다.

긴장이 고조되던 중인 1907년 12월, 루스벨트 대통령은 미국 서해안 지역의 민심을 안정시키고 해군 확장정책 지지를 얻기 위해 함대 소속 배들을 모두 흰색으로 칠한 대백선함대Great White Fleet를 조직해 샌프란시스코로 출항시켰다. 당시 미국의 일부 언론은 "미국 해군이 일본과의 전투를 위해 태평양으로 출발했다"며 떠들어댔다. 대백선함대는 남아메리카 최남단 마젤란해협을 거쳐 태평양으로 북상해, 1908년 3월 멕시코의 막달레나만에 도착했다. 이때 루스벨트는 갑자기 대백선함대가 친선과 번영을 목표로 세계일주를 진행할 것이라고 발표했다. 그러나 이는 누가 봐도 태평양 건너편의 신흥 강국인 일본을 위협하는 행동이었다. 일본과 미국 사이에 전쟁이 발발할 것을 우려해 유럽에서는 일본 국채가 폭락하고, 미국과 전쟁을 통해 쿠바와 필리핀을 잃었던 스페인에서는 일본에 대한 지원을 약속하는 귀족과 자본가들이 속출했다.

Issued by the Department of Communications in commemoration of the Visit of the American Fleet. Oct. 1908.

그림 1

    이런 미국의 도발에 일본 정부는 가능한 침착하게 대응했다. 오히려 대백선함대 환영 방침을 세우고 일본 방문을 환영하는 거국적 행사를 열었다. "근대화와 서구문명 도입은 페리 덕분"이라는 슬로건을 내걸고 **그림 1**과 같은 '대백선함대 환영' 기념엽서를 발행해 함대 승무원에게 무료로 배포했다. 전 세계의 우려와 달리 대백선함대는 1908년 10월 18일, 요코하마에 입항해 25일까지 머물다 조용히 떠났다. 그러나 2주 후 일본 해군은 미군이 공격해올 것을 대비한 가상훈련을 대규모로 실시한다. 미국을 향한 일본의 첫 번째 전쟁 준비였다.

★ 만주를 삼키고 중국 대륙을 노리다

1914년, 유럽은 제1차 세계대전에 휘말렸다. 일본 또한 영일동맹을 내세우며 독일에 선전포고한 뒤 산둥반도와 남태평양의 독일령 섬들을 차례차례 점령하기 시작했다. 일본은 산둥반도 점령 후 곧이어 '21개조 요구'를 내세우며 중국까지 차지하려는 야욕을 내비쳤다. 일본이 전쟁 중의 혼란을 틈타 슬며시 중국에 진출하자, 서구 열강은 세계대전 종결과 동시에 강력하게 항의했다. 선두엔 미국이 있었다.

일본의 팽창정책에 도움이 된 영일동맹은 1902년 체결 당시에는 제정 러시아를 가상적국으로 삼았으나, 러일전쟁에서 일본이 승리한 뒤 독일로 바뀌었다. 따라서 제1차 세계대전에서 독일이 패배함으로써 더 이상 영일동맹을 유지할 이유가 사라진 셈이었다. 이에 미국은 일본을 견제하고자 영일동맹을 파기시키려 했다. 반면 일본은 영일동맹 유지에 적극적이었다. 그 일환으로 히로히토 황태자가 1921년 3월부터 9월까지 유럽순방에 나섰다. 일본 정부는 젊고 발랄한 이미지의 히로히토 황태자가 유럽 각국을 돌며 일본의 이미지를 향상시키고, 특히 영국 왕실과 일본 왕실과의 우의를 강화해 영일동맹의 가치를 증명해주길 바랐다.

기대한 대로 히로히토 황태자는 가는 곳마다 열렬한 환영을 받았다. 훗날 쇼와 천황이 된 히로히토 황태자가 "내 인생의 황금기는 유럽 방문 때였던 같다"고 회상할 정도였다. 일본 최초의 '왕

그림 2

실외교'가 성공을 눈앞에 두자 일본 정부는 7월 16일 자축의 의미로 기념우표 발행을 결정했다. 그러나 히로히토 황태자는 벌써 마지막 방문지인 이탈리아 나폴리를 떠나 귀국길에 오른 상태였다. 결국 이 우표는 그림 2의 우표처럼 '유럽순방기념'이 아닌 '귀국기념' 이름으로 발행되었다. 이 기념우표는 빠듯한 일정을 고려해 작업 속도가 빠른 오프셋 인쇄로 제작되었으며 히로히토 황태자가 승선한 '카토리'와 '카시마' 함선을 그려 넣었다.

그러나 중국에 대한 권리와 영일동맹 유지 등 일본 정부의 바람은 1921년 11월 12일부터 1922년 2월 6일까지 개최된 워싱턴 회의에서 무참히 깨지고 말았다. 각국의 악화된 재정 상태를 고려한 '해군 군비제한조약'을 비롯해 중국의 주권존중과 영토보존 등을 포함한 '중국 9개국조약'과 상호불가침을 결정한 '태평양에 관한 4개국조약' 등 일본에 불리한 내용을 담은 7개 조약이 체결되었기 때문이다. 미국 대 영국 대 일본의 해군 주력함 비율은 5:5:3으로 정해졌고, 영일동맹은 폐기되었으며, 일본은 산둥반도의 권리를 중국에 반환했다.

중국의 주권을 존중하는 9개국조약에 따라 서구 열강은 1922년 말까지 중국 각지에 자신들의 필요에 따라 설치했던 우체국을

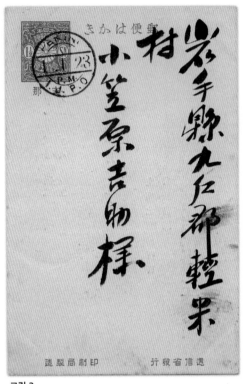

그림 3

철수시켰다. 일본도 예외는 아니었다. 그림 3은 워싱턴회의 이후
베이징에 설치했던 일본 우체국이 철수하기 직전 보낸 엽서다. 우
표 모양이 인쇄된 자리 아래 중국을 뜻하는 '지나支那'가 적혀 있
는데 이는 중국에 설치된 일본 우체국에서 사용하기 위해 따로
발행된 것임을 나타낸다. 9개국조약에 따라 산둥반도 등 일본이
점령한 중국 영토 대부분이 반환된 데 비해, 만주 지역의 남만주
철도 부속지는 "러일전쟁의 결과로 획득한 특수권리"라는 이유로
중국에 반환되지 않았다.

1931년 일어난 만주사변의 주모자는 이시하라 간지였다. 그는 독특한 전쟁관의 소유자로 앞으로 세계대전에서 서양을 대표하는 미국과 동양을 대표하는 일본이 결승전을 벌이는 '세계 최종전쟁론'을 주장했다. 그는 일본이 자원이 풍부한 만주를 장악하여 세계 최종전을 준비해야 한다고 강조했다. 당시 일본 경제는 제1차 세계대전이 끝난 직후부터 쇼와시대 초까지 만성적인 불황에 시달리고 있었다. 경제공황과 국내시장의 협소함에 고민하던 일본 정부는 중국 대륙으로 눈을 돌렸고, 곧 만주사변을 일으켰다.

만주사변은 국민의 대내적 불만을 대외적인 애국적 열정으로 바꾸고, 군부 독재를 강화할 수 있는 절호의 기회였다. 만주사변은 1931년 9월 18일 류탸오후 사건으로 시작되어 1932년 3월 만주국 수립으로 이어졌다. 사태를 주시하던 미국은 일본의 군사행동에 대해 승인할 수 없다고 선언했다. 국제연맹 또한 "만주에서 일본의 특수한 입장을 인정하나, 만주국 수립은 인정할 수 없다"는 조사 보고서를 채택하고 일본군의 철수를 권고했다. 이에 일본은 철수를 거부하고 국제연맹을 탈퇴해버린다.

1937년 7월 7일, 베이징에서 중일 양군이 충돌하는 루거우차오 사건이 일어났다. 이미 본격적인 중국 침략을 계획하고 있던 일본은 바로 전쟁에 돌입했다. 일본군은 베이징과 톈진에 총공격을 가했으며, 같은 해 12월 국민정부의 수도 난징을 점령했다. 수도를 사천성의 충칭으로 옮긴 국민정부는 공산당과 함께 항일민족통일전선을 형성하며 거세게 저항했고, 중일전쟁은 교착상태에

그림 4

빠졌다. 초조해진 일본 정부는 1938년 11월에 '동아신질서' 성명
을 발표하며, 국면 전환을 시도했다. 일본·만주국·중국 3국이 서
로 협력하여 국제 정의를 확립하고 신문화를 창조하자는 주장이
었다. 일본 정부는 그림 4처럼 동아신질서를 선전하는 스탬프를
우편물에 찍게 하는 등 주변국 설득에 나섰다.

　미국은 워싱턴회의 결과 성립된 워싱턴체제를 이유로 강하게
반발했다. 동아신질서 승인 거부는 물론 통상항해조약을 폐기해
일본을 압박했으며, 중국 국민정부에 버마 루트_{미얀마의 라시오부터 중국}
_{의 쿤밍에 이르는 교통로}를 통해 물자를 지원했다. 그림 5는 1939년 중국
이 발행한 '미국 건국 150주년 기념우표'다. 1776년의 독립 선언
이 아닌 1789년의 헌법 선포를 기준으로 150주년이라고 계산한

그림 5

그림 6

점이 특이하다. 물자를 지원해준 미국에 감사 표시를 하고자 기념할 만한 해를 찾아내 의미 부여를 한 것으로 보인다. 그림 6은 위우표가 붙은 편지봉투로 1940년 중국 윈난성에서 호주의 태즈메이니아로 보낸 것이다. 확인할 수는 없으나 어쩌면 이 편지도 버마 루트를 통해 배달되지 않았을까 짐작해본다.

★ 니가타산을 오르다, 태평양전쟁의 발발

1939년 9월 1일, 제2차 세계대전이 발발했다. 독일의 폴란드 침공에 대한 영국과 프랑스의 선전포고로 시작된 만큼 처음엔 일본과 미국 모두 관찰자 입장이었다. 그러나 독일이 유럽을 순식간에 장악하면서 각자 다른 입장을 취하기 시작했다.

먼저 일본은 중일전쟁이 교착상태에 빠지면서 궁지에 몰린 상태였다. 일본은 그 해결책으로 동남아시아로 진출을 꾀했다. 동남아시아의 풍부한 자원을 확보하고 버마 루트를 차단해 중국을 압박하겠다는 속셈이었다. 때마침 동남아시아 각국의 식민지 지배 국가들이 자리를 비우고 있었다. 프랑스와 네덜란드는 이미 독일에 항복했고 영국도 식민지를 신경 쓸 처지가 못 됐다.

1940년 9월에 일본과 독일, 이탈리아는 각국의 이해관계를 바탕으로 3국 군사동맹을 맺었다. 이에 일본은 독일에 항복한 프랑스 비시정부의 협조로 프랑스령 인도차이나 북부에 군대를 진

그림 7

주시켰다. 독일과 이탈리아는 태평양전선에서 일본이 미국과 전
투를 벌여 병력을 분산시키는 시나리오를 그렸다. 영국과 전쟁을
치르는 이상 언젠가는 미국이 개입할 것을 염두에 두어야 했기
때문이다. 그림 7은 이탈리아의 무솔리니 파시스트 정권이 제작한
군사우편용 그림엽서로 3국 군사동맹의 숨겨진 속내와 기대감을
엿볼 수 있다. 엽서에는 3국의 국기를 배경으로 군함을 무찌르는
일본 무사가 거대한 모습으로 그려 있다. 군함에는 미국과 영국
국기가 걸려 있는데, 이는 이미 3국 군사동맹이 미국을 가상적국

으로 여기고 있음을 잘 보여준다.

3국 군사동맹의 체결은 오히려 미국을 더 자극했다. 루스벨트 대통령은 즉시 일본에 대해 철강과 고철 등 원자재 수출을 금지하는 무역제재를 가했다. 1941년 4월부터 해결을 위해 교섭을 벌였지만 양국 대립은 더욱 깊어갈 뿐이었다. 같은 해 7월, 일본군은 인도차이나 남부까지 진출한 끝에 네덜란드령 동인도를 차지하려는 야욕을 내비쳤다.

그림 8은 1941년 9월 29일, 프랑스령 인도차이나에 주둔하던 일본군 장교가 보낸 엽서다. 군사우편은 무료였으나 항공우편이었기 때문에 10전과 5전짜리 우표가 붙어 있다. 엽서에는 "프랑스어, 영어, 네덜란드어, 말레이어 회화 책을 보내주면 좋겠다"는 내용이 적혀 있다. 당시 프랑스령 인도차이나에서 주로 사용되던 언어는 프랑스어, 베트남어, 중국어였다. 국제공용어 중 하나인 영어는 몰라도 네덜란드어나 말레이어는 사용되지 않았다. 그런데 일본군 장교는 네덜란드어와 말레이어 회화 책을 보내달라고 요청하고 있다. 앞으로 그 언어들을 사용하는 지역, 즉 네덜란드령 동인도제도로 진주할 것임을 알려주는 것이나 다름없다. 덧붙여 검열을 거쳤음에도 군사기밀인 '일본군 남하'를 노출한 문장이 삭제되지 않고 그대로 통과된 점도 흥미롭다.

일본군의 남하 움직임에 미국은 강도 높은 무역제재로 맞섰다. 영국과 함께 일본 자산을 동결하고 석유 수출을 금지했다. 일본은 미국과의 긴장 상태를 해소하고자 정상회담 개최를 요청했

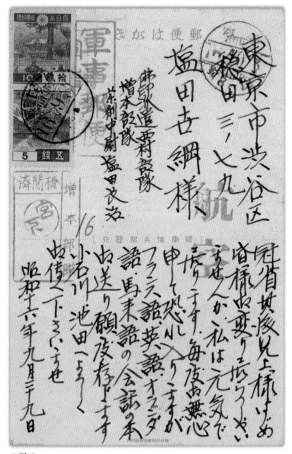

그림 8

으나 미국은 이를 거절했다. 이후 몇 차례에 걸친 교섭회의가 열렸으나 타협점을 찾지 못한 채 결렬되고 말았다. 1941년 11월 26일, 미국은 일본에 사실상 최후통첩의 내용을 담은 '헐노트'를 건네었다. 중국과 인도차이나에서의 무조건 철수, 3국 군사동맹의 파기 등을 담은 10개 조항으로 일본으로서는 도저히 받아들이기

그림 9

그림 10

어려운 조건이었다. 일본은 미국이 더 이상 교섭을 계속할 뜻이 없다고 판단했다. 최후통첩을 접한 일본은 곧바로 개전 준비에 돌입했다. 마침내 12월 2일, 통킹만을 출항해 하와이로 향하던 일본 항공모함 기동부대에 "니카타산을 오르라"는 암호 명령이 떨어졌다. '진주만 공습'의 암호 명령이었다.

1941년 12월 8일, 수많은 일본 전투기들이 미국 태평양함대가 주둔한 진주만을 기습 공격했다. 그리고 한 시간여 후, 미 국무부에 일본이 보낸 대미 각서가 도착했다. 미국과 영국, 네덜란드를 향한 일종의 선전포고였다. 제2차 세계대전의 주요 무대 중 하나인 '태평양전쟁'의 막이 올랐다. 진주만 공습으로 미국은 전함 5척이 격침되고 항공기 188기가 파괴되었으며 2,400여 명의 사망자가 나오는 피해를 입었다. 일본군은 미 해군의 주력부대인 태평양함대를 전투 불능으로 만들었다고 판단했고, 10년 넘게 지속해온 중일전쟁의 피로감에 찌들어 있던 일본인들은 모처럼의 승리에 열광했다.

일본에서 '진주만의 영광'은 태평양전쟁 내내 수없이 반복적으로 선전되었다. 우편에서도 마찬가지. 1942년 12월에 발행된 그림 9의 '대동아전쟁 제1주년' 기념우표나 1943년 12월 발행된 그림 10의 '대동아전쟁 제2주년' 기념엽서에서 일본인들의 들뜬 자부심을 엿볼 수 있다. 그런데 모두 실제 촬영한 전투 사진이 아닌, 영화의 한 장면 또는 회화 작품을 활용해 만들었다. 승리를 보다 화려하게 연출하려면 사진보다 실제를 더 과장하기 쉬운 영화나

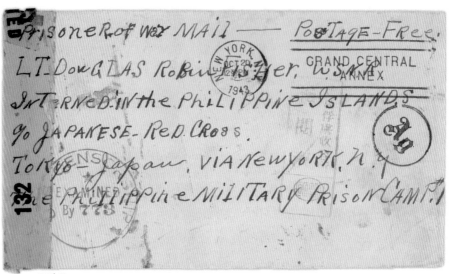

그림 11

그림이 더 낫다고 판단한 모양이다.

미국 정부는 일본의 진주만 공습을 "선전포고도 없는 비겁한 공격"이라고 강하게 비난하며 영국·프랑스 등과 연합군을 결성해 전쟁에 뛰어들었다. 미국민들의 반일 감정은 극에 달했다. "진주만을 기억하라"는 슬로건은 미국에서 태평양전쟁 내내 반복적으로 사용되었다.

진주만공습과 함께 미국은 물론 전 세계의 비난을 불러온 일본의 만행이 또 하나 있다. '죽음의 행진'이라는 말로 더 유명한 '바탄 행진'이다. 태평양전쟁 초기, 일본군의 공세에 밀려 필리핀 주둔 미군은 마닐라를 버리고 바탄반도에서 전투를 벌이고 있었다. 그러나 1942년 4월, 전투에 패해 약 7만 6천 명이 포로로 잡힌 뒤 마닐라 북부까지 걸어서 이동했다. 단지 수송수단이 없다는 이유에서였다. 열대의 태양 아래에서 물과 식량도 제대로 보급받지 못한 채 100여 킬로미터를 강제 행진하는 동안 수만 명의 포로가 사망했다. 이 '죽음의 행진'의 주모자로 지목된 일본군 사령관 혼마 마사하루 중장은 제2차 세계대전 직후인 1946년 미군 군사위원회의 재판에서 유죄를 선고받고 처형됐다.

그림 11은 '바탄 행진'에서 기적적으로 살아남은 미군 장교가 받은 편지봉투다. 소인을 통해 미국 뉴욕에서 대서양을 건넌 뒤 스위스 적십자본부를 거쳐 도쿄의 일본 적십자사로 도착한 것을 다시 필리핀의 수용소에 있던 미군 장교에게 보낸 것을 알 수 있다. 수신자인 미군 장교와 마찬가지로 전쟁의 한복판을 헤치고 살아남은 우편물이다.

★ 일본의 '해방자' 코스프레

1941년 1월, 필리핀의 수도 마닐라를 점령한 일본군은 "필리핀 국민을 미국으로부터 해방시켰다"고 주장하며 미국의 흔적을 지우는 작업에 들어간다. 당시 필리핀의 우편업무는 태평양전쟁 발발과 함께 중지된 상태였다. 1942년 3월 일본은 행정부를 세우고, 서둘러 우편업무를 재개했다. 그림 12는 일본군 점령하에서 필리핀 우편업무가 재개되었음을 보여주는 우편물로 1942년 3월

그림 12

그림 13

그림 14

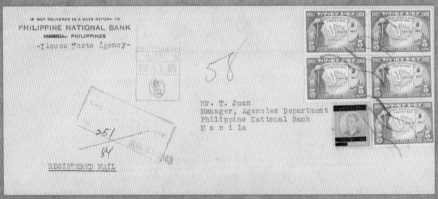

그림 15

4일 마닐라에서 보낸 편지봉투다. 여전히 미국 식민지시대의 우표가 그대로 붙어 있지만 우표에 인쇄된 'UNITED STATES OF AMERICA'와 'COMMONWEALTH' 등의 문구는 검은색으로 지워져 있다.

그림 13은 같은 해 5월 18일에 발행된 '코레히도르 요새 함락' 기념우표다. 마닐라만 입구에 위치한 코레히도르섬은 군사 요충지로 미군과의 치열한 전투 끝에 일본이 승리를 거둔 장소였다. 역시 우표 자체는 미국 식민지시대에 제작된 것이나 검은색을 칠해 국명을 삭제하고 대신 '바탄·코레히도르 함락 축하, 1942년 CONGRATULATIONS FALL OF BATAAN AND CORREGIDOR 1942'이라는 문구를 추가로 인쇄해 배포했다. 일본어가 아닌 영어로 인쇄된 이유는 점령 초기여서 기존의 영어 인쇄설비를 그대로 사용했기 때문이다.

그림 14는 1942년 12월 발행된 '대동아전쟁 1주년' 기념우표로 위 그림과 같은 미국 식민지시대 우표지만 영어 대신 가타카나 표기로 일본어 문구가 추가되어 있다. 필리핀에서의 식민통치가 어느 정도 궤도에 오르면서 일본어 인쇄설비를 갖추게 된 것이다. 그림 15의 편지봉투에는 2종류의 우표가 붙어 있는데 기존 우표에 문구만 추가하는 형태가 아니라 독자적으로 우표를 발행했음을 알 수 있다. 이 편지봉투에 연달아 붙은 5장의 우표는 1943년 5월 발행된 '바탄·코레히도르 함락 1주년' 기념우표다.

그림 16은 1943년 11월 6일에 필리핀 마닐라에서 일본의 나고야로 보낸 엽서로 '우편엽서郵便ハガキ' '히시마우편比島郵便' '2센타보2

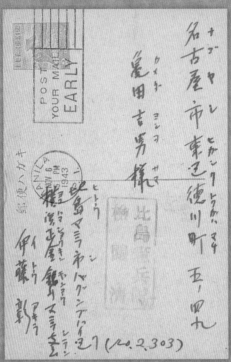

그림 16

그림 17

センタボ' 등의 일본어 표기가 고스란히 적혀 있다. 현지인들을 대상으로 일본어 교육이 실시되고 일본어 사용이 장려되었던 당시의 필리핀 상황을 엿볼 수 있다.

★ '푸른 눈의 쇼군'을 모신 일본

1945년 8월 15일, 태평양전쟁에서 패한 일본은 연합군의 점령하에 놓인다. 연합군 안에는 영국연방군도 있었으나 실세는 미국이었다. 따라서 일본의 점령정책은 미국의 아시아·태평양 전략에 맞추어 결정되었다. 그림 17은 당시 일본에 주둔한 호주군 관계자가 보낸 편지봉투다. 봉투에는 '영국연방군 일본 점령군'이라는 말의 영어 약자인 'B.C.O.F. JAPAN' 문자가 추가로 인쇄된 우표가 붙어 있다.

점령 초기 미국은 일본이 아시아·태평양 지역에서 다시는 위협요인이 될 수 없도록, 완벽한 비군사화와 민주화를 추구했다. 대신 장제스의 국민당 정권을 공산주의의 위협을 막는 방파제로 육성시킬 계획이었다. 그러나 국민당 정권은 국공내전에서 공산당에게 완패한 끝에 타이완으로 쫓겨나고, 1949년 중국 본토에 공산당이 지배하는 중화인민공화국이 들어섰다. 사실 일본에 대한 점령정책을 둘러싸고 도쿄의 맥아더 사령부와 워싱턴 정부는 의견이 엇갈렸다. 한편에서는 군국주의 일본의 민주화를 목표로 정치·사회·경제구조 개혁에 중점을 둔 반면, 다른 한편에서는 미국의 경제·전략적 이익 증진에 더 큰 관심이 있었다.

1950년 한반도에서 발발한 한국전쟁은 미국의 대일정책에 극적인 변화를 불러왔다. 이미 1949년 중국의 공산화를 통해 동맹국을 상실한 미국은 한국전쟁의 영향으로 대아시아·대일정책을 전면 재검토했다. 이를 통해 일본을 아시아에서의 전략적 파트너로 규정하고 민주화보다는 국제적 역할, 즉 반공 전진기지 역할을 중시하게 됐다. 아시아·태평양 지역에서 일본을 중심으로 반공주의 방벽을 쌓겠다는 구상이었다. 그리하여 종전 후 미뤄왔던 일본과의 협상을 서둘렀다. 일본 또한 가능한 유리한 조건을 얻고자 요시다 시게루 총리를 앞세워 적극적인 외교를 펼쳤다.

1951년 9월, 샌프란시스코에서 연합국과 일본이 '대일강화조약'을 맺었다. 그림 18은 당시 발행된 '대일강화조약' 기념우표로 일본에서는 이 조약을 평화조약으로 받아들였다. 대일강화조약 체결과 동시에 미국과 일본은 강화조약의 제3장 안전조항에 따라 '일본과 미국의 안전보장조약이하 구안보조약'을 체결했다. 미국은 대외 안보를 이유로 오키나와를 비롯해 여러 곳의 군사기지를 확보했고, 일본은 주권을 회복하는 한편 안보 비용을 미국에 전가

그림 18

함으로써 경제 회복을 위한 발판을 마련했다.

그렇다고 미국이 일본을 완벽한 동맹국으로 신뢰한 것은 아니었다. 미국 국가안전보장회의가 1952년 4월, 대일강화조약 발효부터 약 4개월 후에 작성한 문서 'NSC 125/1'이 그 증거다. 여기에는 대일정책의 기본방침, 즉 "일본을 미국의 동맹국으로 삼아 자유주의의 일원으로 육성하고, 일본의 국력을 성장시켜 아시아·태평양에서의 자유주의 진영을 강화한다"는 내용이 기록되어 있다. 그런데 마지막에 "경제력과 군사력을 갖춘 일본이 자국의 이익에 따라 앞으로 보다 자유롭게 정책을 결정할 수도 있다"는 문장을 덧붙여 불안감을 드러냈다. 일본의 이익이 미국의 국익과 반드시 일치하지 않을 수 있다는 불안감이었다.

당시 미국이 불안을 느낀 데는 몇 가지 이유가 있다. 일본 정부와는 우호관계를 유지하고 있지만 일본 국민은 여전히 미국을 점령국으로 여겼다. 드러나진 않았지만 가슴 깊이 반미감정이 깔려 있을 게 뻔했다. 미군정이 끝난 후에도 일본 내에 미군이 주둔한다는 사실 자체가 언제 터질지 모를 시한폭탄과 같았다.

실제로 대일강화조약 발효 직후인 1952년 5월 1일에 '피의 메이데이' 사건이 일어났다. 노동절 행사를 벌이던 일부 시위대가 대일강화조약과 구안보조약을 반대하며 황궁 앞 광장으로 모여들었고 경찰과 충돌하는 와중에 사망자가 나온 사건이다. 당시 '인민광장'으로 불린 황궁 앞 광장은 1950년 6월 이후 집회가 금지되어 있었다. 그러나 시위대는 미군정 완료와 동시에 집회 금지

그림 19

가 폐지되었다고 주장하며 맞섰다. 이날 경찰의 발포로 2명이 사
망하고, 1천5백여 명이 부상했다. 미국은 이 사건을 일본에 공산
당 정권을 수립하기 위해 소련 정부와 일본 내 좌익 세력이 주도
면밀하게 계획한 사건으로 간주했다.

일본 정치권도 불안 요소였다. 주권 회복과 함께 정계에 복귀
한 일부 정치가들이 헌법 개정과 자주외교를 주장하며 친미를 기
조로 하는 요시다 시게루 정권과 대립하고 있었다. 재계 또한 미
국 편은 아니었다. 1952년 1월 타이완의 국민당 정부와 강화조약
을 맺은 후 중국에 대한 수출입이 금지된 상태였기 때문이다. 국
민당 정부와의 강화조약이 미국의 압력으로 이루어진 것은 누구
나 다 아는 사실이었다. 같은 해 11월, 대공산권 수출통제위원회
인 코콤의 가맹국이 되었지만 무역 통제는 쉽게 풀리지 않았다.

중국과의 관계는 끊어진 채였지만 소련과는 1956년 국교를 회
복했다. 같은 해에 유엔에도 가입했다. 그림 19는 일본의 유엔 가
입을 기념하는 우표로 실제 발행일은 이듬해인 1957년 3월이다.

1954년에 수립된 하토야마 이치로 정권의 수확이었다. 후임자인 이시바시 단잔 총리 또한 관계 회복을 위해 두 차례 중국을 방문하는 등 자주외교 노선을 이어갔다. 경제도 세계 역사상 전례가 없는 고도성장을 거듭했다.

★ 찻잔 속의 태풍, 일본을 뒤흔든 안보투쟁

1956년 10월, 스나가와에서 미군 비행장 확장에 반대하는 시위가 일어났다. 이를 계기로 불평등한 구안보조약을 개정하자는 의견이 정치적으로 상극인 좌우익 세력 모두에게서 제기되었다. 미군의 주둔을 규정하고 일본 내의 기지를 대여할 때 미국의 동의를 얻어야 한다는 점, 외부로부터 공격을 받을 때 미군이 출동할 수 있다는 점 등이 불평등조약이라는 주장이었다.

1957년 2월에 수상에 취임한 기시 노부스케는 구안보조약의 개정에 앞장섰다. 미국 또한 변화된 국제질서와 전 세계적으로 일어나고 있던 반식민지투쟁을 의식해 협상을 받아들였다. 1958년 10월부터 교섭을 벌인 끝에 1960년 1월 워싱턴에서 새로운 '일본과 미국의 상호협력 및 안전보장조약^{이하 신안보조약}'이 체결됐다. 일본 국내의 정치적 소요에 대한 미군의 개입과 일본이 제3국에 기지를 대여할 때 미국의 동의가 필요하다는 조항이 사라졌다. 그러나 일본이 미국에 기지를 빌려주고 안전을 보장받는 구조는 그대

그림 20

로였다.

신안보조약 체결에 맞춰 미국의 아이젠하워 대통령이 일본 방
문을 결정한다. 그 답례로 일본은 아키히토 황태자 부부의 미국
방문을 제안했다. 그림 20은 1959년 결혼한 황태자 부부의 초상
이 담긴 우표로 당시 황태자 부부가 일본 사회를 통합하는 하나
의 아이콘이었음을 말해준다. 일본 사회가 신안보조약의 폐기를
요구하는 시위로 들썩이고 있을 때, 일본 정부는 황태자의 방미
명분으로 '일미수호조약 100년'을 내세웠다. 일미수호조약을 맺
은 해는 1858년으로 정확하게는 1958년이 100주년이 된다. 따라
서 이미 1958년에 기념행사를 열고 그림 21과 같은 '일본개항 100
주년' 기념우표까지 발행했다. 그럼에도 일본 정부는 "조약의 비
준서를 미국에 보낸 해가 1860년이니 일미수호조약 100주년은
1960년이 맞다"고 주장하며 '일미수호 100주년' 기념행사를 대대
적으로 개최했다.

물론 조약의 비준과 발효라는 관점에서 본다면 1960년이 100

그림 21

그림 22

주년일 수도 있다. 그러나 일반적으로 조약과 관련된 이벤트는 발효일이 아니라 체결일을 기준으로 삼는다. 예를 들어 그림 22의 기념우표에서 알 수 있듯 일본과 타이의 수호 100주년 기념은 체결한 해를 기준으로 1987년에 행해졌다.

게다가 일미수호통상조약은 외국인의 치외법권을 인정하고 일본의 관세 자유권을 부정하는 내용 등을 담은 불평등조약이었다. 굴욕의 역사였지 기념할 만한 역사가 아닌 것이다. 그래서 1958년 발행된 '100주년' 기념우표도 '일미수호조약 100주년'이 아닌 '개항 100주년'에 초점을 맞추고 있다. 한 마디로 1960년에 열린 '일미수호 100주년' 행사는 허울뿐인 정치 이벤트에 불과했다. 국내 여론의 비난을 피하기 위한 기시 노부스케 정권의 꼼수였던 셈이다.

'일미수호 100주년' 기념행사와 더불어 일본과 미국은 각기 기념우표를 발행했다. 먼저 일본이 5월 17일에 에도시대 말기 태평양을 횡단한 일본 최초의 군함 '간린마루'가 담긴 그림 23의 10

그림 23

그림 24

엔짜리 우표와 일본 사절단과 미국 뷰캐넌 대통령의 회담 장면이
담긴 그림 24의 30엔짜리 우표를 발행했다. 30엔은 일본에서 미
국으로 보내는 해운우편의 기본요금에 해당하는 금액이며, 우표
가 발행된 5월 17일은 당시 미국을 방문한 일본 외교단이 워싱턴
에서 아이젠하워 대통령과 회견한 날짜다. 그렇다면 100년 전의
일본 사절단의 모습을 선택한 이유는 무엇일까? 신안보조약이 구
안보조약에 비해 조금 '평등'해진 점을 강조하고자 100년 전의 불
평등조약을 꺼낸 게 뻔하다.

　그러나 일본 국민은 기시 정권의 꼼수에 놀아나지 않았다. 아
니 오히려 더 강하게 반발했다. 신안보조약에 반대하는 이른바
'안보투쟁'이 거리를 휩쓸었고, 정치권에서도 반대 목소리가 높아
졌다. 5월 19일 심야에 자민당 단독으로 조약 비준을 기습 처리하
고, 아이젠하워 대통령의 방문이 공식 결정되자 일본 전역은 시
위로 들끓었다. 대규모 탄원이 이어졌으며 6월 초에는 철도파업

이 발생했다. 도쿄 국회의사당은 매일 기시 정권의 타도와 아이젠하워 방일 저지를 외치는 시위대로 북적거렸다. 6월 16일에 기시 정권은 안전 확보가 불가능하다고 판단하고, 대통령의 방일을 연기해줄 것을 미국 정부에 요청했다.

그러나 신안보조약은 계획대로 6월 19일 다수 의석을 차지한 자민당이 국회에서 비준하고, 미국도 6월 23일 조약을 비준한다. 수상 기시 노부스케는 혼란의 책임을 지고 사임했으며, 이케다 하야토가 새로운 수상이 되었다. 아쉽게도 안보투쟁은 기시의 사임과 함께 점차 수그러들었고 이후의 일미동맹에 별다른 영향을 주지 못했다.

한편 아이젠하워 대통령의 방일은 무산됐으나 답례로 계획된 일본 황태자 부부의 미국 방문은 같은 해 9월 예정대로 진행됐다.

그림 25

이때 일본은 5월 17일 발행한 2종의 기념우표를 합쳐 하나의 세트로 구성했으며, 미국은 워싱턴 기념비와 벚꽃이 그려진 그림 25의 기념우표를 발행했다. 일본의 기시 정권처럼 꼼수를 부릴 필요가 없던 미국 정부로서는 1960년에 특별히 부여할 만한 의미가 없었고, 그래서 이 기념우표에는 미국과 일본의 국명

그림 26

과 '1860~1960' 숫자만 등장한다.

한편 일본에서 새로 발행된 2종 기념우표 세트는 발행 첫날 일부 우표수집가 단체가 벌인 이벤트로 일약 화제가 되었다. 이 단체는 신안보조약 체결 반대를 주장하며 '일미수호 100주년' 기념우표 2종이 붙은 엽서를 마치 부고장처럼 사방에 뿌려댐으로써 주목을 받았다. 그림 26이 바로 그 이벤트에 사용된 엽서로 소인도 일미수호조약 100주년 기념, 황태자 부부의 방미 기념 등 두 가지가 찍혔다.

안보투쟁이 확실한 승리나 정리과정 없이 마무리되면서 일본인들은 점차 미국의 핵우산 아래 안주하기 시작했다. 미국의 군사적 우위를 인정하고 그 아래에서 국가 안위를 보장받는 것을 국가 이익으로 간주하기 시작한 것이다. 자민당이 장기 집권하고

고도 경제성장이 오래 이어지면서 반미라는 이슈 또한 자연스럽게 사라져갔다. 물론 일본과 미국 사이가 언제나 화창했던 건 아니다. 오키나와 미군기지 문제부터 무역 마찰, 베트남전쟁, 한반도 문제 등을 둘러싸고 크고 작은 대립이 있었다. 그렇지만 일본이 명실공히 미국의 가장 확실한 동맹국이라는 점은 언제나 변함이 없었다. 친미에서 반미로, 다시 친미로 이어져 온 일본의 파란만장 대미사는 그렇게 마무리되었다.

8
세계 제국 미국의
아랍 희롱기

이라크

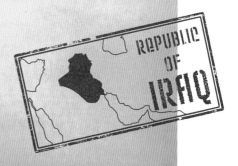

★ 영국, 문제의 씨앗을 심다

전쟁과 내전, 테러. 1980년 이라크가 이란을 침공하면서 이란·이라크전쟁이 시작된 이래 이라크는 지구상에서 '평화'라는 말과 가장 거리가 먼 나라 중 하나가 되었다. 이란·이라크전쟁 종전 이후 다시 쿠웨이트 침공, 다국적군의 걸프전쟁, 10년이 넘는 경제봉쇄와 폭격, 그리고 이라크전쟁, 지금도 여전한 테러와 내전. 이 모든 재앙의 뿌리에는 두 개의 이름이 있다. 바로 사담 후세인과 미국이다.

제1차 세계대전 때까지 이라크는 오스만투르크제국의 일부였다. 그림 1은 오스만투르크제국 시절 바그다드에서 보낸 편지봉투로 오스만투르크제국의 우표와 함께 소인이 찍혀 있다. 특이하게

그림 1

봉투의 뒷면에 주소를 쓰고 우표를 붙였다. 현재의 이라크 영토
는 1932년에 영국의 위임통치령에서 독립할 때 확정되었다. 이때
이라크는 오스만투르크제국 시대의 바스라주, 바그다드주, 모술
주를 계승했으나, 모술주의 일부였던 쿠웨이트는 영토에서 제외
됐다. 이는 제1차 세계대전의 승전국이자 이라크 왕조의 '보호자'
였던 영국의 의도가 반영된 결과였다. 1958년 왕정을 폐지하고
민족주의 혁명을 통해 수립된 이라크공화국의 역대 정권들이 "역
사적으로 쿠웨이트는 이라크의 일부"라고 계속 주장하는 데는 이
러한 과거가 전제되어 있다.

　1980년부터 8년 동안 계속된 이란·이라크전쟁 때, 미국을 비
롯한 국제사회는 '반이란'의 기치를 내세우며 이라크의 사담 후세
인 정권을 지원했다. 그 결과 이라크는 페르시아만 지역에서 막강

그림 2

한 군사력을 가진 국가로 도약했다.

그림 2는 전쟁 초기 이라크의 우세에서 이란의 반격으로 전세가 역전된 1982년에 발행된 것으로 이라크의 지배 정당인 아랍사회주의부흥당이하 바아스당의 창립 35주년 기념우표다. 고대부터 현대까지 이라크가 전쟁에서 승리한 장면들과 함께 세계 각국에서 들여온 무기들로 무장한 이라크 군인의 모습을 그렸다. 그중 현대식 소련제 무기, 프랑스제 전투기와 미사일 등이 눈에 띈다. 이라크가 전쟁 당시 자본주의와 사회주의 진영을 가리지 않고 세계 각국으로부터 다양한 무기들을 지원받았음을 알 수 있다.

8년에 걸친 대이란전쟁은 석유 수출을 통해 아랍 세계의 최고 갑부국으로 손꼽히던 이라크 경제에 큰 타격을 준다. 심지어 당시 이라크는 전후 복구를 위해 주변국으로부터 자금원조를 받아야만 하는 상황이었다. '이슬람혁명 수출'을 기치로 내건 이란 혁명정부의 위협으로부터 페르시아만 국가들을 지켰다고 자부하던 터라 이라크는 주변국의 자금원조를 당연하게 여겼다. 그러나 페르시아만 국가들의 반응은 차가웠다. 특히 쿠웨이트는 이란과의 전쟁 중에 이라크가 빌린 자금정확한 금액을 두고 의견이 분분하지만 300~600억 달러 규모로 전해진다의 채무면제와 신규융자 등 이라크의 요구를 모두 거절했다.

게다가 이라크가 전후 복구의 자금줄로 기대했던 원유도 시장이 교란된 상태였다. 이란·이라크전쟁 발발 직후인 1980년 1배럴당 35달러대에 거래되던 것이 종전 직후에는 1배럴당 10달러대로 떨어진 것이다. 심지어 이라크의 쿠웨이트 침공 직전인 1990년 5월에는 1배럴당 6달러 전후까지 급락했다. 원유가격이 1배럴당 1달러씩 내려가면 연간 수입이 최소 10억 달러씩 줄어들기 때문에 원유가격 하락은 이라크 경제의 사활이 걸린 문제였다. 그래서 이라크는 원유가격 유지를 위한 방안으로 산유국에 의한 생산량 조정을 주장했고, 석유수출국기구이하 OPEC 회원국 대부분이 이에 동의했다. 한때 적국이었던 이란조차 자국의 이익을 고려해 지지를 표명한 상태였다.

그러나 쿠웨이트와 아랍에미리트는 OPEC이 정한 국가별 생산 할당량을 무시한 채, 원유시장에 물량을 과잉공급하며 유가를 하락시킨다. 게다가 쿠웨이트는 예전부터 이라크가 영유권을 주장하던 루마일라 유전에서 석유를 채굴하고 있었다. 쿠웨이트가 자신들의 유전을 훔친다는 이라크의 주장은 여기에서 비롯된다.

일련의 사건을 거치며 이라크와 쿠웨이트의 관계는 점점 악화됐다. 1990년 7월 31일, 사우디아라비아가 양국 대표를 제다로 초청해 중재에 나섰지만 교섭은 결렬됐다. 이어 이라크는 주이라크 미국대사에게 무력행사를 포함한 방법으로 양국 사이의 문제를 해결하겠다는 뜻을 내비쳤다. 그러나 미국은 "아랍 제국끼리의 분쟁에는 관심이 없다"며 전쟁을 묵인하는 듯한 태도를 보였다. 이러한 미국의 방관적 태도에 사담 후세인 대통령의 영토욕과 '아랍의 맹주' 자리를 차지하려는 명예욕이 더해져, 1990년 8월 2일 마침내 이라크의 쿠웨이트 침공이 시작된다.

★ 링키지: 이라크의 철수, 이스라엘의 철수

이라크의 쿠웨이트 침공은 즉각 국제사회에서 지탄의 대상이 되었다. 미국의 조지 부시 정권은 신속하게 국가긴급사태를 선언하며 미국 내 이라크 자산을 동결하고 이라크산 원유 수입을 정지하는 한편 인도양에 주둔하던 미국 항공모함을 페르시아만에 급파했다. 이어 군사공격이 사우디아라비아까지 번지는 것을 우려해 8월 7일에는 제82 낙하산 사단과 전투기 2개 중대를 사우디아라비아에 파견했다. 그리고 영국도 이에 동조해 사우디아라비아에 군대를 파병했다.

이에 이라크 정부는 강경 자세를 유지하며 이라크와 쿠웨이트

에 주재하는 미국인과 일본인을 인질로 삼고 미군의 철수를 요구
했지만 국제사회의 태도는 한층 더 냉담해졌다. 특히 아랍 세계
는 민족적·언어적 동질성이 없는 이란을 침공할 때와 달리 '아랍
형제나라'로 부르던 이웃나라를 무력으로 침공해 점령한 이라크
의 행위에 강한 충격을 받았다. 직접적으로 위협을 느낀 페르시아
만 국가들과 이집트가 이라크군의 즉각적인 철수를 요구하면서
이라크는 국제사회에서 완벽하게 고립된다.

쿠웨이트를 둘러싸고 긴장이 고조되는 가운데, 8월 25일 유엔
안보리는 미국이 제출한 대이라크 결의안을 채택했다. 1991년 1
월 15일까지 쿠웨이트에서 철수하고 인질을 석방하지 않을 때 이
라크에 대한 무력 사용을 승인한다는 내용이었다. 국제사회의 강
력한 응징 결의에 부닥치자 이라크는 할 수 없이 1990년 12월 6
일 모든 인질에 대한 석방 조치를 단행했지만 쿠웨이트 철수에
대해서는 거부를 표명했다. 이에 1991년 1월 17일, 미국과 영국을
중심으로 사우디아라비아, 이집트, 시리아 등 아랍 제국까지 동참
한 28개국 다국적군이 쿠웨이트 및 이라크의 군사·통신시설에
일제히 공중폭격을 가했다. '걸프전쟁'의 시작인 이른바 '사막의
폭풍 작전'이다.

그림 3은 '사막의 폭풍 작전'에 참가한 프랑스군의 관계자가 사
우디아라비아 내 주둔지에서 보낸 군사우편이다. 일반적으로 군
사우편은 무료이기 때문에 우표가 붙지 않는다. 상단 가운데에
군사 우체국을 나타내는 'BUREAU POSTAL MILITAIRE' 소인

그림 3

이 찍혀 있으며, 보안상의 이유로 지명 표시 없이 '640'이란 우체국 번호만 기록되어 있다. 그러나 왼쪽에 찍혀 있는 '사우디아라비아 주둔 프랑스군' 소인을 통해 이 우편물이 걸프전쟁 당시 것임을 짐작할 수 있다.

다국적군의 공격에 맞서 이라크가 내민 카드가 바로 링키지연계 전술이다. "이라크의 쿠웨이트 철수는 이스라엘의 팔레스타인 철수와 동시에 해결할 문제"라는 주장으로 쿠웨이트 문제와 팔레스타인 문제를 결부시킴으로써 국제사회의 개입이 편파적임을 지적하는 것이었다. 이라크는 이스라엘을 전쟁에 끌어들이고자 '동시 철수'를 내걸고 이스라엘에 스커드미사일을 발사한다. 그러나 이라크의 속셈을 간파한 이스라엘은 군사 보복을 자제했다. 걸프전쟁을 대이스라엘전쟁으로 확장하려 한 이라크의 의도는 결국 실패로 끝난다.

첨단무기와 막강한 군사력을 앞세운 다국적군의 공세에 밀려 이라크군은 제대로 저항 한 번 못한 채 패퇴했다. 대공습 개시부터 약 1개월 후인 1991년 2월 24일 미군 중심의 다국적군이 전면 지상전을 전개해 쿠웨이트를 탈환했으며, 지상전 개시 100시간 후인 2월 28일에 전쟁은 종지부를 찍었다. 전쟁이 다국적군의 일방적 승리로 마무리된 후, 미국의 조지 부시 대통령은 승리의 감격을 담은 라디오 연설을 발표한다. "베트남의 망령이 아라비아반도 사막에 파묻혀 사라졌다. 베트남 패전 후 겪은 미국 국민의 굴욕감을 걸프전의 승리로 지웠다."

걸프전쟁 자체는 미국 중심의 다국적군에게 이라크군이 참패하며 짧은 시간 안에 끝났다. 그러나 걸프전쟁이 중동과 이슬람 세계에 끼친 영향은 매우 심각했다. 그중 하나가 팔레스타인 문제와 결부된 링키지론이다. 애초 링키지론은 1990년 8월 쿠웨이트 침공 이후 이라크가 국제적으로 고립된 상황에서 이라크의 쿠웨이트 철수와 이스라엘의 팔레스타인 철수를 하나의 사안으로 묶은 후세인 정권의 대외 선전책이었다. 정치 이력을 뒤져봐도 후세인이 걸프전쟁 이전에 팔레스타인 문제에 적극적으로 관여한 흔적은 찾기 어렵다. 그런 점에서 링키지론 제안은 아랍 세계의 지지를 얻어내기 위한 하나의 임시방편에 불과했다고 생각

한다. 그러나 후세인의 의도가
어떠했건 링키지론은 수십 년을
이어온 팔레스타인 문제로 패배
감에 찌든 아랍 세계에 큰 충격
을 던져줬다.

그림 4

　미국을 비롯한 국제사회는 이
라크군의 쿠웨이트 철수를 요구
하는 유엔 안보리 결의의 무조건
이행을 강요했으며, 이라크가 이
를 거부하자 무력을 행사해 걸프전쟁을 일으켰다. 정전 후에도 국
제사회는 이라크에 대한 경제제재를 계속했다. 반면 이스라엘은
1967년 발발한 제3차 중동전쟁의 종결 이후 채택된 '모든 점령지
에서 이스라엘군 철수'를 요구하는 유엔의 정전 결의를 무시하고
있다. 아직도 이스라엘군이 요르단강 서안과 가자 점령지에 계속
머물러 있을 뿐 아니라 자국민들의 정착을 장려하며 지원하고 있
다. 이에 대해 국제사회는 한 번도 어떠한 물리적 제재나 대책을
강구하지 않았다. 특히 미국과 영국 등 이라크의 쿠웨이트 침공
때 신속히 대처한 서방 국가 중 어디도 이스라엘의 부당한 점령에
대해선 항의하지 않았다.

　이 두 사안을 비교하며 아랍 세계는 서구, 특히 이스라엘의 수
호자인 미국의 이중 잣대에 강한 불신감을 가질 수밖에 없었다.
걸프전쟁에서 미국의 압도적인 물리력을 본 이후 사우디아라비아와 이집트를 비롯해 아랍의 친미 정권들은 현실적으로 더욱더 미국에 추종했다. 그에 비해 아랍 세계의 민중들 사이에서는 미국과 이스라엘에 적극적으로 반기를 든 후세인을 영웅으로 여기는 정서가 뿌리내렸다.

사정이 이렇게 되자 이라크는 링키지론을 국가 미디어인 우표의 소재로 자주 사용하게 되었다. 그림 4는 2001년 8월에 발행한 걸프전쟁, 이라크의 호칭으로 '움 마리크의 싸움' 승리 10주년 기념우표다. 이라크 국기 아래 성조기와 그것을 물어뜯는 매를 그려 넣어, 미국에 맞선 이라크의 '승리'를 표현하고 있다. 여기서 오른쪽에 그려진 예루살렘에 있는 이슬람의 성지 '바위의 돔'을 주목할 필요가 있다. 이스라엘의 불법적 예루살렘 점령에 항의하는 표시로 1967년 이래 이슬람 세계는 우표에 '바위의 돔'을 자주 등장시켰다.

위의 우표는 이스라엘의 불법 점령을 상징하는 '바위의 돔' 그리고 이라크를 상징하는 매와 미국을 상징하는 성조기 등을 하나의 우표 안에 배치함으로써 자신들에게만 쿠웨이트 철수 결의를 준수하라고 압박한 미국과 국제사회를 비난하고 있다. 또한 이라크를 상징하는 매 뒤에는 아랍 세계를 의미하는 지도가 보인다. '서방' 국제사회의 부당한 이중성과 맞선 이라크를 중심으로 '동방' 아랍 세계가 단결해야 한다는 의미로 읽힌다.

그림 5는 2001년 11월 이라크의 모술에서 라트비아의 리가로 보낸 우편물이다. 이런 선전우표들을 통해 이라크와 아랍 세계의

그림 5

그림 6

그림 7

사람들은 물론 수신자인 전 세계 사람들에게까지 '미국과 국제사회를 향한 이라크의 분노'를 전달했다.

★ 미국의 범죄: 경제봉쇄와 민간인 공격

걸프전쟁의 패전으로 큰 타격을 받은 이라크는 정전 초기 새로운 우표를 발행하지 못했다. 그래서 이미 발행된 우표 위에 전후의 인플레이션을 반영한 가격을 추가로 인쇄한 임시우표를 발행해 사용했다. 그림 6은 '바위의 돔'을 크게 담은 우표로 걸프전쟁 직후인 1992년 발행된 임시우표다. 원래 가격은 5필스이지만 100필스로 변경되어 있다.

전쟁 후 최초로 정식 발행한 우표는 그림 7의 1993년 9월 전후 복구 캠페인을 위한 우표 시리즈다. 통신시설과 다리 등 전쟁으로 파괴된 시설과 전쟁 전 모습을 나란히 넣어 전쟁 이전으로 복구하려는 강한 의지를 표현했다. 동시에 '평화의 배'라는 제목이 붙은 그림 8의 우표도 발행했다. 두 종류의 우표 모두 그동안 미국을 맹렬하게 비난해온 후세인의 이미지치고는 맥 빠질 만큼 온화하다.

그림 8

당시 이라크는 전쟁 피해와 더불어 유엔의 경제봉쇄로 최악의 경제 상황에 빠져 있었다. 경제봉쇄는 쿠웨이트 침공부터 4일 후인 1990년 8월 6일 유엔 안보리에서 채택된 것으로, 이라크 내에서 자행되는 비인도적인 행위를 포함한 모든 정전 결의를 이행하지 않는 한 이라크에 대한 모든 수출입을 금지하는 내용이다.

한편 아랍 세계에서 후세인의 인기가 높아진 것과 별개로 이라크 내부에서는 두 번의 전쟁을 통해 국가를 파탄에 빠트린 후세인에 대해 불만이 쌓여 갔다. 심지어 정권의 가장 강력한 지지 기반인 군대도 마찬가지여서 1995년에는 쿠데타 미수사건까지 일어났다. 그런 까닭에 후세인 정권은 국민의 불만을 잠재우기 위해 대내외적으로 부드럽고 온화한 분위기를 연출할 필요가 있다고 판단한 듯하다. 위의 두 우표는 이러한 시대적 상황에서 발행된 것들이다.

그러나 1995년부터 이라크는 다시 미국과 국제사회를 비난하고 공격하는 우표를 발행한다. 유엔에 의한 경제봉쇄가 계속되면서 이라크 안팎에서 불만이 쏟아져 나왔기 때문이다. 걸프전쟁 직전 이라크의 식량 자급률은 30% 정도였다. 그래서 유럽 국가들 사이에서도 식량을 포함해 모든 수출입을 금지하는 경제봉쇄가 비인도적이라며 반대하는 의견이 적지 않았다. 또한 아랍 세계의 경제대국인 이라크와 무역관계를 차단하는 것은 주변국들에도 손해였다. 이러한 이유로 전쟁 종료 3년 후부터는 이라크의 무역 재개를 요구하는 목소리가 대세를 이뤘다.

유엔 또한 전쟁피해 보상이나 이라크 내 활동자금을 조달하기 위한 방안으로 이라크의 석유 수출 허용을 검토했다. 그 결과 1995년 4월 '6개월 동안 20억 달러를 넘지 않는 범위에서 석유 수출을 허가하고, 식량·의약품 등 인도적 차원의 구호물자 수입은 인정한다'는 유엔 안보리 결의 986호가 채택된다. 당초 이라크는 경제봉쇄의 완전 해제를 요구하며 986호 결의안을 거부했지만, 이듬해인 1996년 결국 결의안의 내용을 받아들여 같은 해 12월부터 원유 수출을 재개했다. 국제사회의 여론이 유리하게 돌아가는 것을 감지한 이라크는 국가 미디어인 우표를 통해 유엔의 경제봉쇄가 비인도적이라는 점을 호소하기 시작했다.

그림 9는 유엔 안보리 결의 986호가 채택된 이후인 1995년 8월 6일 발행된 우표로 '봉쇄는 범죄다'라는 제목을 달고 있다. 철조망에 둘러싸인 이라크 지도 안에 원망스런 표정을 짓는 모자의 모습이 보인다. 이라크에 대한 유엔의 경제봉쇄가 인도적 차원에서 매우 혹독한 결과를 낳고 있다는 사실을 단순 명쾌하게 전달하고 있다. 또한 지도 가운데에 함무라비법전 비문을 그려 넣어 '눈에는 눈, 이에는 이'라는 복수법을 연상시키며 제재에 가

그림 9

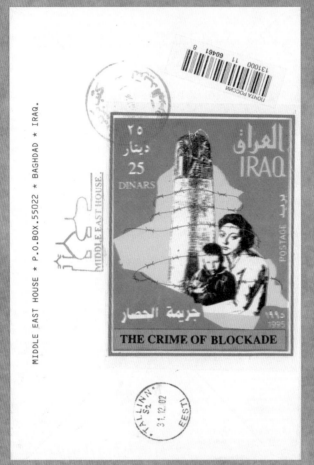

그림 10

그림 11

담한 상대방도 추후 그에 상응하는 대가를 치를 거란 점을 은연중에 강조하고 있다. 더구나 8월 6일은 5년 전 쿠웨이트 침공 후 경제봉쇄를 결정한 안보리 결의 661호가 채택된 날짜라는 점에서 의미심장하다. 위의 우표가 단색의 판화 느낌을 살렸다면 그림 10의 편지봉투에 붙은 우표는 같은 디자인을 따르면서 사진과 같은 느낌을 냈다.

국제적으로 고립된 상황에 빠진 이라크는 경제봉쇄의 비인도성과 부당함을 호소하는 캠페인을 지속적으로 전개함으로써 국제사회의 여론을 반전시킬 수 있다고 생각했다. 그런 캠페인만이 경제봉쇄의 지속을 주장하는 미국과 영국에 대항하고 국제사회로의 빠른 복귀를 위한 최선의 방법이라고 여긴 것이다. 단색 우표는 10디나르짜리로 국내 우편용이며, 실사 이미지로 시선을 끄는 컬러 우표는 25디나르짜리로 해외 우편용이다. 이라크 정부는 외국으로 보내는 우편물에 이러한 우표를 부착할 것을 적극적으로 권장하는 등 우표를 통한 대외 선전에 심혈을 기울였다.

경제봉쇄에 대한 직접적인 항의와 함께 이라크는 우표를 통해 걸프전쟁 때 공중폭격으로 받은 일반시민의 피해를 선전하며 미국의 비인도적 행위를 대내외에 각인시키려 노력했다.

그림 11은 1995년 발행된 것으로 걸프전쟁의 희생자를 추모하는 기념우표다. 구체적인 지명은 없지만 평화의 상징인 비둘기가 공중폭격을 당하는 장면을 담음으로써 미국에 의한 민간인 학살을 비유하고 있음을 알 수 있다.

1997년 2월 13일에는 그림 12
의 아밀리예 대피소 공중폭격사
건 6주년 기념우표를 발행하며
한층 더 센 목소리로 미국의 민
간인 공격에 대해 비난했다. 아
밀리예 대피소 공중폭격사건은
1991년, 다국적군의 무차별적인
공중폭격으로 바그다드 주택가
에 위치한 민간인 대피소가 공격
받으면서 민간인 약 500명이 사

그림 12

망한 사건이다. 무차별 폭격으로 인한 민간인 피해 사례는 경제
봉쇄와 더불어 미국과 영국을 비난하는 소재로 활용되는 것과
함께, 이라크 민중에 대해 우호적인 국제사회의 여론을 형성하는
데 중요한 계기가 되었다.

1996년 12월, 이라크는 안보리 결의 986호를 받아들이고 석
유 수출을 재개했으며 이후 러시아, 프랑스, 중국의 지원과 협조
를 받으며 자신들에 유리한 방향으로 유엔과 교섭을 진행했다. 그
결과 경제봉쇄가 하나둘씩 해제되었으며 석유 수출량의 제한도
폐지되었다. 1999년 이후 이라크는 사실상 국제사회에 복귀하고
위의 우표 발행 이후 미국을 직접적으로 비난하는 우표를 당분간
발행하지 않았다. 대신 그림 13처럼 후세인에 대한 신임 투표를 호
소하는 선전우표 등 후세인 대통령 개인을 숭배하는 우표들을 주

그림 13

그림 14

로 발행했다.

그러나 2001년 1월, 이라크에 대해 적대적 외교노선을 확실하게 밝힌 조지 W. 부시 정권이 들어서면서 다시 미국을 비난하고 비인도성을 강조하는 소재가 우표에 등장한다. 그림 14는 2001년 2월에 조지 W. 부시 정권 출범과 함께 발행된 것으로 아밀리예 대피소 공중폭격사건 10주년 기념우표다. 공중폭격으로 희생된 아이를 껴안고 비탄에 젖은 표정으로 서 있는 어머니의 모습에 실제 현장 사진을 합성해 미국의 잔혹성을 강조하고 있다. 1997년 발행된 6주년 기념우표와 비교했을 때 디자인과 인쇄품질이 월등히 향상된 것을 알 수 있는데 이는 1997년 이후부터 경제봉쇄가 해제되며 이라크 경제가 호전되었음을 뜻한다.

74 ACS Deployed
Attn: Maj Adams
CAMP Doha, Kuwait
APO AE 09855

6975 IS (P)
MSgt Koch
Unit 66200 Box 124
APO AE 09852-6200

Riyadh Saudi Arabia

그림 15

그림 16

★ 아프가니스탄 귀환병과 성지 점령군 미군

한편 걸프전쟁이 한창이던 시기, 사우디아라비아는 이라크군의 위협에 대항할 수 있도록 미국을 비롯한 다국적군의 주둔을 요청했다. 이는 메카와 메디나 등 두 곳의 이슬람교 성지를 지키는 수호자로 자부하던 사우디아라비아가 자국 군사력으로 방위조차 불가능하다는 사실을 이슬람 세계를 비롯해 전 세계에 알리는 꼴이었다. 걸프전쟁 종결 이후에도 사우디아라비아 내 미군 주둔은 계속되었다.

그림 15는 1995년 10월, 쿠웨이트 주둔기지에서 사우디아라비아 주둔기지로 미군이 보낸 우편물 봉투다. 성지에 이교도의 군대가 머무는 상황은 이슬람 세계에 불쾌감과 반발심을 불러왔다. 그에 따라 이슬람 원리주의자들에 의한 테러가 자주 일어났는데 테러를 실행한 사람들 대부분은 아프가니스탄에서 귀환한 용병들이었다.

아프가니스탄은 1979년 소련군 침공 이후 소련군과 그 지원을 받은 바브락 카르말 정권에 대해 무자헤딘아프가니스탄의 무장 게릴라 조직으로 '성스러운 이슬람 전사'를 뜻한다이 강력한 투쟁을 전개해왔다. 이때 무자헤딘은 이슬람 종교와 문화를 지킨다는 대의명분으로 말미암아 이슬람 세계로부터 대대적인 지원은 물론 용병들을 끌어모았다. 심지어 미국도 동서 냉전시대에 '적의 적은 아군'이라는 논리를 내세우며 아프가니스탄에 대한 지원을 아끼지 않았다. 그림

16은 이집트에서 발행된 우표로 아프가니스탄 무자헤딘 투쟁을 지지하는 내용을 담고 있다. 이처럼 이슬람 각국은 무자헤딘의 투쟁을 지지하는 내용의 우표를 발행함으로써 이슬람의 연대를 대내외적으로 과시했다.

나중에 미국 9.11 테러사건의 주모자로 지목된, 사우디아라비아 출신의 대부호 오사마 빈 라덴도 무자헤딘 투쟁을 지원하고자 아프가니스탄과 사우디아라비아를 자주 왕래했다. 그는 1990년까지 사우디아라비아에 머물며 가업이었던 건설업을 경영하는 한편 아프가니스탄 귀환병이나 그 가족들을 위한 편의기관을 운영하기도 했다. 미국은 이 기관이 테러단체인 알 카에다의 모체가 되었다고 이야기한다.

1989년 2월, 마침내 아프가니스탄에서 소련군이 철수하자 무자헤딘의 용병들은 각자의 모국으로 되돌아간다. 그러나 오랜 시간 반소투쟁을 경험하며 이슬람 원리주의에 감화된 많은 이들은 평범한 일상생활로 복귀하지 못했다. 이들은 귀국 후 자국 정부의 부패와 무능에 불만을 품고 사회운동에 뛰어들거나, 이슬람 원리주의 조직과 연계해 이집트나 알제리 등에서 테러활동을 수행했다. 이러한 상황에서 1991년 걸프전쟁이 일어나고 속전속결로 이라크의 패배로 끝나자 아프가니스탄 귀환병들은 아랍 세계에 커다란 실망감을 느꼈다. 게다가 전쟁 후에도 성지가 있는 사우디아라비아에 계속 미군이 주둔하자 몹시 불쾌해했다.

이슬람 원리주의 운동에 공감하던 빈 라덴 역시 사우디아라비아 왕실과 미국을 강력하게 비난했다. 이에 사우디아라비아 정부는 그를 국외로 추방했으며, 수단으로 망명한 빈 라덴은 수단의 이슬람 원리주의 지도자인 하산 알 투라비 밑에서 사우디아라비아에 불만을 품은 아프가니스탄 귀환병을 모집했다. '미국에 죽음을'이라는 슬로건을 내걸고 빈 라덴이 아프가니스탄 귀환병들을 모으자, 이제껏 이슬람 세계에서 일어난 반미 테러의 대부분을 해결하지 못한 미국은 그 배후로 빈 라덴을 지목하고 맹비난하기 시작했다. 1992년 아덴 골든미호호텔 폭발사고, 1993년 뉴욕 세계무역센터 테러사건, 1993년 소말리아 미국 평화유지군 살해사건, 1995년 리야드군 훈련기지 테러사건, 1996년의 다란군 훈련기지 테러사건 등 충분한 증거나 검증 없이, 모두 빈 라덴 무리의 범행으로 지목되었고, 순식간에 빈 라덴은 반미 세력의 중심인물이 된다.

그러자 1996년 5월 수단 정부는 아프가니스탄 귀환병들을 조직하고 사우디아라비아 왕실과 미국을 비판한다는 이유로 빈 라덴을 다른 국가로 쫓아냈다. 빈 라덴은 아프가니스탄으로 건너가 탈레반 정부의 보호를 받으며 같은 해 8월 "억압과 굴욕의 벽은 탄환의 비가 없이는 무너지지 않는다"며 성지를 부당하게 점령하는 미국을 향해 처음으로 지하드, 즉 성전聖戰을 발표한다.

한편 소련군 철수 이후 4년간의 내전을 마무리한 아프가니스탄은 1993년 1월 국가명을 아프가니스탄이슬람국으로 확정한 후 부르하누딘 랍바니를 초대 대통령으로 추대했다. 그림 17은 아프

그림 17

가니스탄이슬람국이 발행한 우표다. 아랍어로 "알라 외에 다른
신은 없고, 무함마드는 알라의 메신저다"라는 이슬람의 신앙고백
이 적혀 있다. 그러나 아프가니스탄이슬람국은 하나의 통일조직
이 아닌 무장 세력 간의 엉성한 연합정권이었던 탓에 곧바로 정
부 주도권을 둘러싸고 다시 내전의 소용돌이에 휩싸였다. 아프가
니스탄 내전은 주변국들이 각각 자국 이익을 대변하는 세력을 지
원하면서 더 복잡해지고 심각해졌다. 그 사이 수많은 난민이 발
생했다. 1994년, 내전의 혼란 속에서 급진적 이슬람 원리주의 세
력인 탈레반이 등장했다. 그들은 1996년 9월 카불을 시작으로
1997년 5월에는 국토 대부분을 장악하고, 같은 해 10월 아프가
니스탄이슬람수장국으로 국명을 변경했다. 카불에서 쫓겨난 구
정부와 반탈레반 세력은 아프가니스탄 북부를 거점으로 북부동
맹을 결성하고 탈레반과 대치에 들어간다.

　빈 라덴이 아프가니스탄으로 건너갔을 때는 탈레반 정권이 어느 정도 국가 조직을 구축하고 안정을 맞은 시기였다. 탈레반 지도부는 아프가니스탄에서 무자헤딘 투쟁을 벌인 빈 라덴을 매우 신뢰했고, 덕분에 빠르게 그의 지하드 주장에 감화됐다. 그러자 미국은 기존의 탈레반 정권에 대한 우호적 태도를 버리고, 1997년 이후 탈레반 정권을 적으로 간주하기 시작한다. 그 이전까지 미국은 이란과의 대치를 이유로 사우디아라비아와 파키스탄이 지원하는 탈레반 정권을 묵인해왔었다. 이처럼 정권의 성격이나 폭력성, 민주주의 정도, 부패 여부 등과는 상관없이 자신에게 조금이라도 더 이득이 되면 취하는 게 미국 외교정책의 핵심이다.

1998년 8월, 케냐와 탄자니아에서 미국 대사관이 폭파되어 220명의 사망자가 나오는 사건이 발생한다. 미국은 세계 각국에 존재하는 이슬람 원리주의 테러단체의 근절을 선언하고, 빈 라덴을 테러사건의 주모자로 지목하며 비난을 퍼부었다. 이어 그의 은신처로 알려진 아프가니스탄 동부의 잘라라바드 근교를 집중 폭격했다.

그러나 팔레스타인 문제를 대하는 미국의 이중 잣대, 성지가 있는 사우디아라비아의 미군 주둔 문제로 반미 정서가 뿌리 깊었던 탓에 중동과 이슬람 세계는 빈 라덴을 비난하는 미국 입장에 동조하지 않았다. 오히려 미국의 빈 라덴 비난은 그를 제국주의 미국에 저항하는 위대한 영웅으로 만들 뿐이었다.

무엇보다 클린턴 정부의 빈 라덴 사냥은 탄핵 직전까지 이른 자신의 섹스 스캔들을 무마시키고 미국 언론과 국민의 관심을 딴

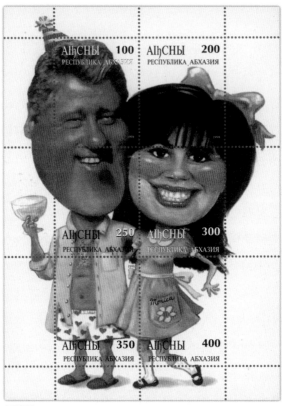

그림 18

곳으로 돌리려는 꼼수처럼 보였다. 때문에 이슬람 세계는커녕 국 제사회도 미국의 주장에 동조하지 않았다. 그림 18은 당시 분위기 를 짐작할 수 있는 진귀한 우표다. 클린턴 대통령과 그와 '부적절 한 관계'를 맺은 백악관 인턴직원 모니카 르윈스키를 우스꽝스럽 게 표현한 우표로, 아브하지아 우편 당국의 이름을 달고 발행된 뒤 전 세계에서 매매가 이루어졌다. 클린턴의 섹스 스캔들을 보는 세계의 시선과 반응을 드러내는 흥미로운 사례라고 할 수 있다.

아브하지아는 그루지아에서 독립투쟁을 전개 중인 작은 지역으로 아직도 우편학자나 우표 수집가들 사이에서는 이 '펠라티오 스캔들 우표'의 정식 발행기관을 둘러싸고 논쟁이 끊이지 않고 있다.

★ 한 번 사용하면 영원히 지속되는 살인무기

2000년 미국 대통령 선거에서 걸프전쟁을 일으킨 조지 부시 대통령의 아들 조지 W. 부시가 미국의 제43대 대통령으로 당선 됐다. '아버지 부시'에 이어 '아들 부시'가 당선되면서 미국과 빈 라덴, 탈레반 정권, 이라크 사이의 긴장이 더 높아져 갔다.

2001년 9월 11일 뉴욕의 세계무역센터 쌍둥이 빌딩과 워싱턴 의 국방부 청사가 소속 불명의 테러리스트에게 납치된 민간 항공 기와 충돌하는 사건이 일어난다. 테러사건 발생 직후 미국 정부 는 재빠르게 빈 라덴과 알 카에다를 범인으로 단정하고 아프가 니스탄의 탈레반 정권에 빈 라덴의 신병 인도를 요구했다. 탈레반 정권이 이를 거부하자 미국은 같은 해 10월 8일 '테러와의 전쟁' 을 선포하며 대대적인 공중폭격을 시작으로 아프가니스탄에 대 한 전쟁을 개시했다. 결국 탈레반 정권은 미국의 대규모 공세와 미국의 지원을 받는 반탈레반의 북부동맹군에 의해 2001년 11월 말 붕괴한다. 빈 라덴은 탈레반 정권 붕괴 후에도 생사 여부가 확 인되지 않다가 2011년 5월 2일 '오퍼레이션 제로니모'라는 이름

아래 진행된 미군 특수부대 작전에서 사살된 것으로 발표되었다.

탈레반 정권 붕괴 후, 미국의 주도로 아프가니스탄에 북부동맹과 이탈리아에 망명 중이던 모하마드 쟈히르 샤 전 국왕이 포함된 임시정부가 수립됐다. 12월 22일 미국에서 귀국해 칸다하르 입성을 주도한 하미드 카르자이를 의장으로 한 아프가니스탄 임시 행정기구도 발족했다. 기존 탈레반 정권과 달리 카르자이 정권은 아프가니스탄 전 지역에 지배력을 행사하지 못한 채 미국을 비롯한 다국적군의 점령지만 지배했다. 그 외 지역은 탈레반 정권의 붕괴와 함께 권력의 공백을 맞이했고, 그 결과 다시 군벌들에 의한 내전이 재연됐다.

예상 외로 빠르게 탈레반 정권이 붕괴하자 그 기세를 이어 미국은 "세계를 위험에 빠뜨리는 대량살상무기를 개발하는 나라도 테러와의 전쟁 대상"이라며 이라크를 향해 공격의 날을 세웠다. 2002년 1월, 조지 W. 부시 대통령은 연두교서를 통해 이란·이라크·북한을 '악의 축'으로 지목하고 이들 국가에 대한 강경한 대응을 표명했다.

이라크도 가만있지는 않았다. 9.11 테러사건과 그에 잇따라 벌어진 아프가니스탄 침공 직후 이라크 정부는 국영방송을 통해 "인도주의에 반하는 범죄 행위에 대한 미국의 당연한 처사"라는 입장을 발표해 미국의 편을 들었지만, 속마음은 반대였다. 당시 이라크의 속마음을 알 수 있는 것이 2001년 11월 발행한 그림 19와 그림 20의 우표다. 동일한 구도로 디자인된 두 개의 우표에는

그림 19

그림 20

이라크 국민을 향해 미국이 열화우라늄탄을 투하하는 모습이 그려 있다. 25디나르짜리 우표의 폭탄 안에 'USA' 문자가, 50디나르짜리 우표의 폭탄 안에 'THE CRIME' 문자가 적혀 있는 것만이 다를 뿐이다. 둘 다 미국이 이라크 국민에게 열화우라늄탄을 사용하는 것이야말로 진정한 범죄라는 사실을 명확하게 전달하고 있다.

열화우라늄탄은 1980년대 중반 미국에서 개발된 뒤 걸프전쟁에서 처음 사용됐다. 원자력발전 연료 제조과정에서 생기는 찌꺼기인 열화우라늄을 사용하여 전차나 탱크 등의 두꺼운 장갑까지 뚫을 수 있을 정도로 강력한 파괴력과 관통력을 지닌다. 대신 폭발과 함께 인체에 치명적인 중금속 분진과 방사능이 대기 중으로 방출되거나 토양에 축적된다. 이것에 노출되면 백혈병, 암, 기형 등의 장해를 일으킨다. 이런 위험성에도 미국과 영국의 다국적군은 1991년 2월 24일부터 28일까지 지상전을 펼치면서 최소 전차로부터 1만 개, 전투기로부터 94만 개의 열화우라늄탄을 발사해 이라크 전차 1,200여 대를 파괴하는 전과를 올렸다.

실제로 걸프전쟁에 참가한 다국적군 군인 중 정체불명의 병을 앓는 사람이 늘어나자 그 원인으로 열화우라늄탄이 거론되었다. 또 걸프전쟁이 종결된 지 20여 년 가까이 지난 지금까지 수많은 이라크 어린이들이 소아암, 선천성 기형, 백혈병 등에 시달리고 있다. 그러자 2007년 유엔 제62차 총회에서 '열화우라늄을 포함한 무기 포탄 사용의 영향에 관한 결의'를 통해 사실상 열화우라늄탄의 사용 중단을 권고했다. 앞의 우표들과 동시에 발행된 그림 21의 우표는 열화우라늄탄의 후유증으로 고통을 겪는 이라크 어린이의 모습을 사진으로 생생하게 표현한 것이다. 'USA' 문자가 적힌 폭탄뿐만 아니라 영국을 의미하는 'UK' 문자가 적힌 폭탄도 함께 배치함으로써 미국과 발맞추는 영국의 비인도적인 범죄 또한 규탄하고 있다.

미국과 영국이 걸프전쟁 때 열화우라늄탄을 사용한 것에 대한 시비는 차치하고 10년 이상이나 지난 걸프전쟁의 후유증이 갑자기 우표라는 국가 미디어에 등장한 배경에 주목할 필요가 있다. 당시 미국이 9.11 테러사건의 보복으로 아프가니스탄에서 전쟁을 시작했기 때문이다. 아무리 미국이 9.11 테러사건의 가장 큰 피해자임을 고려하더라도, 아무런 확실한 증거도 제시하지 못하

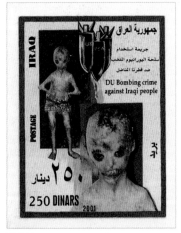

그림 21

그림 22

는 상황에서 빈 라덴을 테러의 주모자로 지목하고 곧바로 아프가
니스탄을 침공한 것은 국제사회에 적지 않은 논란을 불러일으켰
다. 또한 공중폭격 당시 이미 사용 중단이 권고된 열화우라늄탄
을 사용했다는 사실이 밝혀지면서 세계 인권단체들은 미국의 비
인도적 행위를 거세게 규탄하고 나섰다. 앞의 우표들은 그러한 국
제사회의 여론을 의식해 열화우라늄탄의 후유증을 소재로 미국
을 비난함과 동시에 국제사회에 반미 여론을 환기시키려는 목적
으로 발행된 것이다.

　열화우라늄탄과 함께 이라크가 미국을 비난하기 위해 동원
한 또 다른 소재는 바로 아밀리예 대피소 공중폭격사건이다. 그림
22는 2002년 2월에 발행한 것으로 아밀리예 대피소 공중폭격사
건 11주년 기념우표다. 예전의 아밀리예 기념우표들보다 더 정교
하고 노골적으로 미국을 비난하고 있다. 성조기를 붙인 미사일이

대피소를 향해 날아가는 모습을 그렸는데 여기서 주목할 부분은 대피소의 영문 표기다. 아랍어로는 단지 '아밀리예 대피소'라고 표기된 데 비해 영어로는 '민간인을 위한 아밀리예 대피소'라고 표기했다. 즉 아밀리예 대피소 공중폭격사건이 단지 오폭이 아니라 민간인을 대상으로 이루어

그림 23

진 군사적 보복 조치였다는 점을 부각한 것이다. 사실 아밀리예 대피소가 실제로 민간인 대상이었는지는 분명하지 않다. 하지만 이라크는 아밀리예 대피소 공중폭격사건의 최대 피해자가 민간인임을 강조해 국제사회에 미국의 잔혹한 군사적 보복 행위를 선전하려 했다.

이처럼 9.11 테러와 아프가니스탄 침공 이후 미국과 이라크의 관계는 다시 돌이킬 수 없을 정도로 악화됐다. 그러자 후세인 정권은 국가 미디어인 우표를 통해 미국의 비인도적 행위를 강조하며 국제사회의 여론을 환기시키는 동시에 미국의 무력행사를 견제하고자 했다. 그림 23은 2002년 4월 발행된 '예루살렘의 날' 기념우표로 '바위의 돔'을 배경으로 총을 들고 서 있는 후세인 대통령의 모습이 그려 있다.

이라크는 걸프전쟁 이후 후세인의 초상을 삽입한 우표를 다

그림 24

수 발행했는데 그중에는 군 최고 사령관으로서 후세인 대통령의 위상을 강조하고자 그림 24의 경우처럼 군복 차림을 한 것이 많았다. 그러나 과거 쿠웨이트 침공 후 주변국들에 '침략자'로 인식된 점을 고려해 군복 차림에 무기를 직접 손에 든 초상은 가능한 삽입하지 않도록 주의했다.

그런 까닭에 2002년의 시점에서 총을 손에 든 후세인의 초상에 숨겨진 의미에 주목할 필요가 있다. 후세인이 아프가니스탄 전쟁 직후인 2002년부터 미국과 무력 충돌을 각오하고 있었다는 증거이기 때문이다. 링키지론을 내걸고 결코 피할 수 없는 미국과의 전쟁에 도전하는 후세인의 단호한 결의가 느껴지는 우표다.

★ 후세인의 최후, 반미의 최후

후세인의 단호한 결의도 미국의 힘 앞에서는 어쩔 수 없었다. 2003년 3월 20일 시작된 미국의 대이라크전쟁은 속전속결로 진행됐다. 4월 9일 바그다드가 함락되고, 후세인 정권이 붕괴하며 전면전은 종지부를 찍는다. 미군을 피해 도망쳤던 후세인 대통령

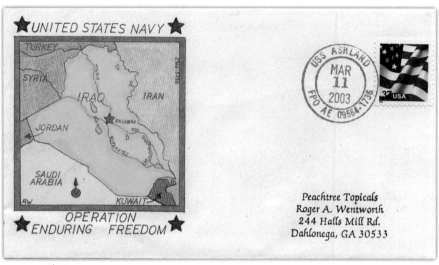

그림 25

도 같은 해 12월에 체포됐다. 동시에 이라크 국민과 전 세계를 대상으로 대의명분으로 내세웠던 '이라크의 자유'는 슬그머니 사라지고, 이라크의 원유 확보나 중동 지역에서 친미 블록 구축 등 숨겨졌던 미국의 야욕이 하나둘씩 드러나기 시작했다. 그림 25는 미국이 발행한 이라크전쟁 개시 기념봉투다. 단순한 형태의 디자인으로 이라크 지도와 함께 장기간 독재자로 군림하던 후세인으로부터 이라크 국민을 해방시킨다는 의미로 이름 붙인 작전명이 적혀 있다.

후세인 정권이 붕괴한 뒤 이라크는 미국과 영국 주도의 연합군 임시행정청의 통치하에 전후 복구에 들어갔다. 우편행정은 기존에 발행된 우표들은 그대로 사용하되 후세인의 초상이 담긴 우표는 얼굴만 지워 사용토록 했다.

그림 26

그림 26은 후세인 정권 붕괴 직후인 2003년 4월에 바그다드에서 베이루트로 보낸 우편물로, 후세인의 얼굴을 지운 우표가 붙어 있다. 오른쪽 두 개의 우표에는 '이라크 점령 미군'의 소인이 분명하게 찍혀 있기도 하다. 2003년 중반, 임시행정청은 후세인과 바아스당의 이데올로기를 일소한 신우표를 발행해 지금까지 사용하고 있다. 그림 27은 당시 발행된 우표 중 하나로 이라크의 전통 수송수단을 그린 것이다.

2004년 6월 28일, 이라크는 주권을 회복하고 임시정부를 발족했다. 이어 2005년 1월 30일 제헌의회 선거를 진행한 결과 3월 16일 국민의회가 세워졌으며, 10월 25일 신헌법이 제정됐다. 그러나 같은 해 12월 15일 열린 정식정부 발족을 위한 총선거를 마친 후, 정국 주도권을 잡으려는 수니파와 시아파가 치열한 권력 다툼

그림 27

그림 28

을 벌이기 시작했다. 여기에 독립을 요구하는 쿠르드족과의 민족 갈등이 더해져 이라크는 사실상 내전 상태에 돌입한다. 유엔의 다국적군이 주둔하면서 치안 유지 등의 임무를 맡았지만 주둔군의 안전 자체가 걱정될 정도로 불안한 상황이 계속됐다. 바그다드를 시작으로 각 도시에서 시아파와 수니파의 대립으로 크고 작은 유혈 사태와 자폭 테러가 잇따라 발생했으며, 이에 치안 유지를 위해 미군과 이라크 국방군이 개입하면 다시 반발해 보복 테러를 일으키는 악순환이 계속됐다. 특히 2006년 후세인의 처형을 계기로 수니파 세력과 후세인 추종자들이 바그다드에서 피의 보복전을 벌이는 등 혼란은 최고조에 달했다.

그러나 이라크 정부는 치안 회복은커녕 정치적 위기와 민생고도 전혀 해결하지 못하고 있다. 그림 28은 2008년 이라크 정부가 '반테러'를 선언하며 발행한 우표로 아랍어로 'No'를 의미하는 'la' 사이로 해골을 든 손이 쑥 나와 있다. 왼쪽에 무서워하며 우는 아이들을 그려 넣어 테러에 대한 공포를 표현했다. 2011년 12월, 전격적으로 미군이 철수하며 "이라크에서 민주주의를 꽃피웠다"고 자평했지만, 수시로 테러가 발생하고 서로에 대한 증오심이 극에 달한 이라크에서 민주주의를 이야기한다는 것 자체가 어이없는 일이다. 매일 테러의 위험에 노출된 시대와 독재정권이지만 치안은 좋았던 후세인 시대, 과연 어느 쪽이 국민에게 있어 행복했는지를 결론 내기는 쉽지 않다.

확실히 아프가니스탄과 이라크 침공을 통해 미국은 압도적인 군사력을 전 세계에 과시했다. 국익 때문이든, 아니면 탈레반과 후세인 정권의 몰락을 지켜본 지배계급의 이해 때문이든 향후 당분간은 어떤 정권이건 앞서 살펴본 나라들에서처럼 공격적으로 반미를 외치기는 어려울 것이다. 그렇지만 강력하면서 한편 사악하고 옹졸하게 사용되는 미국의 힘에 반발하는 의견이 완전히 사라지진 않을 터이니, 아마 '반미'도 적당히 은유적으로 표현되지 않을까?

전쟁과 혁명의 세기였던 20세기에 '반미'는 하나의 시대정신이자 어쩔 수 없이 택하게 되는 정치노선이었다. 미국 스스로 '반미'를 조장해왔기 때문이다. 그리고 우표는 그 역사를 충분히 반영해왔다. 지난 10년을 돌이켜봤을 때 21세기 역시 전쟁과 혁명의 세기가 될지도 모른다. 앞으로 우표는 또 어떤 역사와 시대정신을 기록하고 기억할까? 그것이 자못 궁금할 따름이다.

Dwight D. Eisenhower, 《アイゼンハワー回顧録》, 仲晃·佐々木謙一訳, みすず書房, 1965 (드와이트 D. 아이젠하워, 《아이젠하워 회고록》, 신상초 옮김, 녹문각, 1965)

B. Woodward, 《ブッシュの戦争》, 伏見威蕃訳, 日本経済新聞社, 2003 (밥 우드워드, 《부시는 전쟁중 : 워더게이트 특종기자가 파헤친 미국 극비 전쟁파일》, 김창영 옮김, 따뜻한손, 2003)

小此木政夫, 《朝鮮戦争-米軍の介入過程》, 中央公論社, 1986 (오코노기 마사오, 《한국전쟁-미국의 개입과정》, 현대사연구실 옮김, 청계연구소, 1986)

今川瑛一, 《アメリカ大統領の中東·アジア政策》, 亜紀書房, 2001 (이마가와 에이치, 《미국의 패권주의 이대로 갈 것인가 : 미국 대통령의 아시아·중동정책》, 이홍배 옮김, 이채, 2003)

Bruce Cumings, 《朝鮮戦争の起源 : 解放と南北分断体制の出現 一九四五~一九四七年 (1·2)》, 鄭敬謨·林哲訳, シアレヒム社, 1989~1991 (브루스 커밍스, 《한국전쟁의 기원》, 김자동 옮김, 일월서각, 1986)

Harry Truman, 《トルーマン回顧録》, 堀江芳孝訳, 恒文社, 1966 (헨리 트루먼, 《트루먼 回顧錄 (上·下)》, 손세일 옮김, 지문각, 1968)

古田元夫, 《歴史としてのベトナム戦争》, 大月書店, 1991 (후루타 모토오, 《역사 속의 베트남 전쟁》, 박홍영 옮김, 일조각, 2007)

古田元夫, 《ベトナムの世界史 : 中華世界から東南アジア世界へ》, 東京大学出版会, 1995 (후루타 모토오, 《베트남의 세계사》, 박홍영 옮김, 개신, 2008)

萩原遼, 《朝鮮戦争 : 金日成とマッカーサーの陰謀》, 文春文庫, 1997 (하기와라 료, 《한국전쟁》, 최태순 옮김, 한국논단, 1995)

Benjamin Barber, 《ジハード対マックワールド : 市民社会の夢は終ったのか》, 鈴木主税訳, 三田出版会, 1997 (벤자민 바버, 《지하드 대 맥월드》, 박의경·이진우 옮김, 문화디자인, 2003)

郵文館編集部, 《韓国郵票圖鑑 2001》, ソウル 郵文館, 2000 (우문관 편집부, 《한국우표도감 2001》, 우문관, 2000)

徐大肅, 《朝鮮共産主義運動史 一九一八~一九四八》, コリア評論社, 1970 (서대숙, 《한국 공산주의 운동사 연구》, 현대사연구회 옮김, 이론과 실천, 1989)

徐大肅, 《金日成と金正日-革命神話と主体思想》, 岩波書店, 1998 (서대숙, 《현대 북한의 지도자 : 김일성과 김정일》, 을유문화사, 2000)

白善燁, 《若き将軍の朝鮮戦争》, 草思社, 2000 (백선엽, 《길고 긴 여름날 1950년 6월 25일》, 지구촌, 1999)

金学俊,《北朝鮮五十年史：金日成王朝の夢と現実》, 李英訳, 朝日新聞社, 1997 (김학준,《북한50년사：우리가 떠안아야 할 반쪽의 우리 역사》, 동아출판사, 1995)

高峻石,《朝鮮一九四五～一九五〇 革命史への証言》, 三一書房, 1972 (고준석,《해방1945-1950：공산주의 운동사의 증언》, 정범구 옮김, 한겨레, 1989)

高峻石,《朴憲永と朝鮮革命》, 社会評論社, 1991 (고준석,《비운의 혁명가, 박헌영》, 유영구 옮김, 글, 1992)

丁一権,《原爆か休戦か》, 日本工業新聞社, 1989 (정일권,《6.25비록 전쟁과 휴전：정일권 회고록》, 동아일보사, 1986)

徐大粛,《金日成-思想と政治体制》, お茶の水書房, 1991

金一勉,《韓国の運命と原点：米軍政·李承晩·朝鮮戦争》, 三一書房, 1982

金熙一,《アメリカ帝国主義の朝鮮侵略史》, 朝鮮青年社, 1964

The New York Times,《ベトナム秘密報告(上·下)》, 杉辺利英訳, サイマル出版会, 1972

Tad Szulc,《フィデル カストロ-カリブ海のアンチヒーロー》, 新庄哲夫訳, 文芸春秋, 1998

Robert F. Kennedy,《13日間―キューバ危機回顧録》, 毎日新聞外信部訳, 中央公論新社, 2001

Gabriel Kolko,《ベトナム戦争全史》, 陸井三郎監訳, 社会思想社, 2001

Marita Sturken ,《アメリカという記憶：ベトナム戦争、エイズ、記念碑的表象》, 岩崎稔訳, 未来社, 2004

Anthony D. Smith,《20世紀のナショナリズム》, 巣山靖司訳, 法律文化社, 1995

Strobe Talbott ,《フルシチョフ回想録》, タイムライフブックス編集部訳, タイムライフインターナショナル, 1972

David Halberstam,《ベスト アンド ブライテスト》, 浅野輔訳, 朝日新聞社, 1999

Mohamed Heikal,《アラブから見た湾岸戦争》, 和波雅子訳, 時事通信社, 1994

Robert McNamara,《マクナマラ回顧録 ベトナムの悲劇と教訓》, 仲晃訳, 共同通信社, 1997

Robert McNamara,《果てしなき論争：ベトナム戦争の悲劇を繰り返さないために》, 共同通信社, 2003

Ahmed Rashid,《タリバン：イスラム原理主義の戦士たち》, 坂井定雄·伊藤力司訳 , 講談社, 2000

饗庭孝典·ＮＨＫ取材班,《朝鮮戦争》, 日本放送協会, 1970

朝日ジャーナル 編集部, <米国防総省ベトナム秘密報告書>, ニューヨーク タイムズ版, 朝日ジャーナル, 1971

有賀夏紀,《アメリカの20世紀(上·下)》, 中央公論新社, 2002

池井優,《駐日アメリカ大使》, 文芸春秋, 2001

池端雪浦,《フィリピン革命とカトリシズム》, 勁草書房, 1986

石井修,《冷戦と日米関係：パートナーシップの形成》, ジャパンタイムズ, 1989

石井米雄,《ベトナムの事典》, 同朋社, 1999

猪瀬直樹,《黒船の世紀：ガイアツと日米未来戦記》, 文芸春秋, 1998

伊藤亜人・大村益夫・梶村秀樹・武田幸男,《朝鮮を知る事典》(増補版), 平凡社, 1998

上杉一紀,《ロシアにアメリカを建てた男》, 旬報社, 1998

小倉貞男,《ベトナム戦争全史》, 岩波書店, 1992

小此木政夫,《北朝鮮ハンドブック》, 講談社, 1997

小此木政夫・徐大粛(監修),《資料 北朝鮮研究-政治・思想》, 慶應義塾大学出版会, 1998

学研・歴史群像シリーズ,《朝鮮戦争(上) ソウル奇襲と仁川上陸》, 学研, 1999

学研・歴史群像シリーズ,《朝鮮戦争(下) 中国軍参戦と不毛の対峙戦》, 学研, 1999

神谷不二,《朝鮮戦争：米中対決の原形》, 中公新書, 1966

河津幸英,《湾岸戦争とイラク戦争》, アリアドネ出版, 2003

菅英輝,《米ソ冷戦とアメリカのアジア政策》, ミネルヴァ書房, 1992

許宗浩・姜錫熙・朴泰浩,《アメリカ帝国主義は朝鮮戦争の挑発者》, 平壌外国文図書出版社, 1977

近代アメリカ戦争史研究会,《YANKEE LOVES WAR》, 宝島社, 2003

軍事史学会,《軍事史学 第三十六巻第一号(特集・朝鮮戦争)》, 錦正社, 2000

児島襄,《朝鮮戦争(全三巻)》, 文芸春秋社, 1984

後藤政子・樋口聡(編),《キューバを知るための52章》, 明石書店, 2002

坂元一哉,《日米同盟の絆》, 有斐閣, 2000

桜井啓子,《現代イラン：神の国の変貌》, 岩波書店, 2001

桜井浩,《解放と革命-朝鮮民主主義人民共和国の成立過程》, アジア経済研究所出版会, 1990

重村智計,《北朝鮮データブック》, 講談社現代新書, 1997

島崎博,《中米の世界史》, 古今書院, 2000

朱健栄,《毛沢東の朝鮮戦争-中国が鴨緑江を渡るまで》, 岩波書店, 1991

末木文美士・中島隆博,《非・西欧の視座》, 大明堂, 2001

鈴木静夫,《物語フィリピンの歴史：盗まれた楽園と抵抗の500年》, 中公新書, 1997

鐸木昌之,《北朝鮮-社会主義と伝統の共鳴》, 東京大学出版会, 1992

谷川榮彦,《ベトナム戦争の起源》, 勁草書房, 1984

富田健次, <パフラヴィ朝の成立：現代イラン通史の試みーその1>,《大分県立芸術文化短期大学研究紀要 第36巻》, 大分県立芸術文化短期大学, 1998

富田健次,《アーヤトゥラーたちのイラン：イスラーム統治体制の矛盾と展開》, 第三書館, 1993

鳥井順,《イラン・イラク戦争》, 第三書館, 1990

鳥井順,《アフガン戦争 1980-1989》, 第三書館, 1991

内藤陽介,《マオの肖像：毛沢東切手で読み解く現代中国》, 雄山閣, 1999

内藤陽介,《北朝鮮事典：切手で読み解く朝鮮民主主義人民共和国》, 竹内書店新社, 2001

内藤陽介,《なぜイスラムはアメリカを憎むのか》, ダイヤモンド社, 2001

内藤陽介,《中東の誕生：切手で読み解く中東イスラム世界》, 竹内書店新社, 2002

内藤陽介,《切手と戦争：もう一つの昭和戦史》, 新潮社, 2004

永井陽之助,《冷戦の起源：戦後アジアの国際環境》, 中央公論社, 1978

西崎文子,《アメリカ冷戦政策と国連 1945-1950》, 東京大学出版会, 1992

(財)日本郵趣協会,《中国切手図鑑|旧中国 1878 - 1949》, (財)日本郵趣協会, 1990

(財)日本郵趣協会,《ＪＰＳ外国切手カタログ 韓国切手 2002 - 2003》, (財)日本郵趣協会, 2002

(財)日本郵趣協会,《ＪＰＳ外国切手カタログ 新中国切手 2004》, (財)日本郵趣協会, 2003

(財)日本郵趣協会,《日本切手関連地域切手カタログ 2005》, (財)日本郵趣協会, 2005

(財)日本郵趣協会カタログ委員会,《日専 日本切手専門カタログ 2005》, 日本郵趣協会, 2004

原暉之,《シベリア出兵：革命と干渉 1917-1922》, 筑摩書房, 1989

平松茂雄,《中国と朝鮮戦争》, 勁草書房, 1988

古田元夫,《ホーチミン：民族解放とドイモイ》, 岩波書店, 1998

ベトナム戦争の記録編集委員会,《ベトナム戦争の記録》, 大月書店, 1988

細谷千博,《シベリア出兵の史的研究》, 有斐閣, 1955

水原明窓,《華郵集錦5-中国東北郵便史》, 日本郵趣出版, 1986

水原明窓,《中国解放区郵票図鑑》, 日本郵趣協会, 1995

水原明窓,《日本切手百科事典》, 日本郵趣出版, 1974

三野正洋,《わかりやすい朝鮮戦争》, 光人社, 1999

三野正洋,《わかりやすいベトナム戦争》, 光人社, 1999

森孝一,《宗教から読むアメリカ》, 講談社, 1998

矢口祐人,《ハワイの歴史と文化：悲劇と誇りのモザイクの中で》, 中央公論新社, 2002

山内昌之,《イスラムとアメリカ》, 岩波書店, 1995

山崎雅弘,《中東戦争全史》, 学習研究社, 2001

山崎雅弘,《歴史で読み解くアメリカの戦争》, 学習研究社, 2004

郵趣編集部,《コレクターズ カタログ 北ベトナム切手篇 1967》, 日本郵趣協会, 1987

揚乃強,《中華人民共和国郵票図鑑(解放区)》, 香港 揚氏集郵公司, 1998

陸戦史研究普及会,《朝鮮戦争(全十巻)》, 原書房, 1966~1973

Arnold. R. P, Spanish Philippines : a compilation of articles, West Valley, 1994

Aspnes. R. K, Commemorative Postal Markings of French Indo-China, Viet-Nam, Cambodia, Laos through 1975/76, Aurora, 2003

Baldus. W, Schwarze Post : eine philatelistische Dokumentation uber Briefmarken, Postkarten und Feldpostbriefe im verdeckten Kriegspropagandaeinsatz, Munchen, 1998

Baldus. W, Williams L.N and Williams. M, Index of the article series Cinderella

Corner published in 'The Stamp Magazine' between November 1959 and October 1998, Munich, 2004

Briggs Jr, J. L, Stalin's Russia, unpublished photocopy of exhibit collection, 1995

Cahill. E, Hawaiian stamps : an illustrated history, Volcano, 1994

Cockrill. P, The United Fruit Company : the history, ships & cancellations of the Great White Fleet History, ships & cancellations of the Great White Fleet, Newbury, 1981

Cong ty Tem Viet Nam, Danh muc tem Buu chinh Viet Nam 1945-1996(Vietnam Postage Stamp Catalogue 1945-1996), Ha Noi, 1997

EDIFIL. S. A, Catalogo especializado de sellos de Cuba 1855-1996, Madrid, 1996

Farahbakhsh. N. H, Farahbakhsh Catalogue of the Stamps of Iran, vol.3 Islamic Republic of Iran, Teheran, 1994

Hawaii Postal Stationery Study Group, The postal stationery of Hawaii, Redlands, 1982

Korea Stamp Corporation, Korean Stamp Catalogue(1946 - 1998), Pyongyang, 1998

Korea Stamp Corporation, Korean Postal Stationery and Maxicard Catalogue(1948~1998), Pyongynag, 1999

Kugel. A. F, America's War with Spain, and its aftermath(unpublished photocopy of exhibit), 1995

Kugel. A. F, The dawn of the American Empire, 1898-1919(unpublished photocopy of exhibit collection), 1995

Maeda. T, North Korea 1946~1957, Plate Identifier : A Handbook, Private Print, Tokyo, 2000

Meyer. H. A, Harris, R. A. and Frederic R, et al, Hawaii, Its Stamps and Postal History, New York, 1948

Michel, Ubersee-Katalog, Band 9, Mittel-und Ostasien, Munchen, 1999

Ngo Tiong Tak T, Ngo's Catalogue of Philippine Republic stamps & postal stationeries, Manila, 1997

Page. W. A, The Field Post of the Czechoslovak & Allied Forces in Russia 1918-1920 : An anthology, Kent, 1991

Peterson, D. J, Postal history of the Spanish Philippines, 1565-1898, Washington DC, 2000

Racz, E, Specialized postage stamps catalogue North Viet Nam 1946-1976, Kresgeville, 1995

Scott Publishing Co, Scott 2005 Standard Postage Stamp Catalogue(83rd ed), Sydney, Ohio, 2004

Shalimoff. G. V, Catalogue of propaganda-advertising postal cards of the U.S.S.R.

1927-1934, Norfolk, 2002.

Stanley Gibbons, Stanley Gibbons Stamp Catalogue part 5, Czechoslovakia and Poland (5th ed), London and Ringwood, 1994

Stanley Gibbons, Stanley Gibbons Stamp Catalogue part 10. Russia : with Independence Issues of Former Soviet Republics, and Mongolia (5th ed) London and Ringwood, 1999

Stanley Gibbons, Stanley Gibbons Stamp Catalogue part 18, Japan and Korea (4th ed), London and Ringwood, 1997

Stanley Gibbons, Commonwealth & British Empire 1840-1952, London and Ringwood, 2004

Todd. C. G, Catalogue of North Korean Postal Stationery 1947-1961, Hampshire, 1997

Van Dam. T, The postal history of the AEF, 1917-1923 : a handbook, New York, 1990

ArtUkrine.com http : //www.artukraine.com/famineart/russie.htm

Post Office in Paradise : Mail and Postage Stamps of Nineteenth Century, http : // www.hawaiianstamps.com/

우표, 역사를 부치다

지은이 | 나이토 요스케
옮긴이 | 안은미

초판 1쇄 발행 2012년 6월 25일

펴낸곳 | 정은문고
펴낸이 | 이정화
편   집 | 진용주
디자인 | 당나귀 점프

등록번호 | 제2009-00047호 2005년 12월 27일
주소 | 서울시 마포구 서교동 327-15 401호
전화 | 02-392-0224
팩스 | 02-3147-0221
이메일 | books@shillaad.co.kr
홈페이지 | www.shillaad.co.kr
블로그 | blog.naver.com/jungeunbooks

정은문고는 신라애드의 출판브랜드입니다.

ISBN 978-89-965758-6-3 03900